HUAQIAO
GAODENG JIAOYU YANJIU 2020

华侨高等教育研究 2020

—— 第1辑 ——

陈颖 ◎ 主编

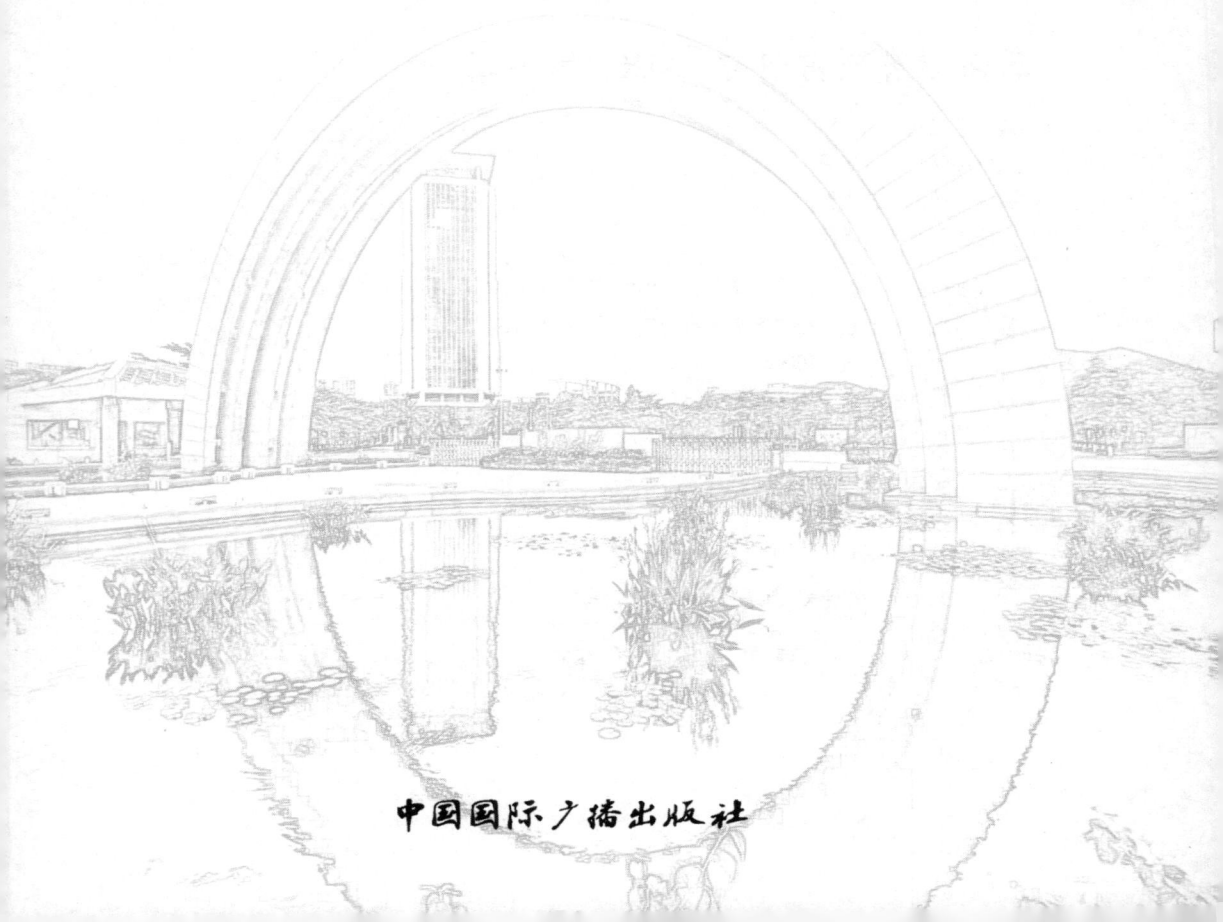

中国国际广播出版社

图书在版编目（CIP）数据

华侨高等教育研究. 2020. 第1辑／陈颖主编. －－
北京：中国国际广播出版社，2020.7
ISBN 978－7－5078－4710－9

Ⅰ. ①华… Ⅱ. ①陈… Ⅲ. ①华侨教育－高等教育－
研究－中国 Ⅳ. ①G74

中国版本图书馆 CIP 数据核字（2020）第 131117 号

华侨高等教育研究. 2020. 第 1 辑

编　者	陈　颖	
责任编辑	张娟平	
装帧设计	文人雅士	
责任校对	李美清	

出版发行	中国国际广播出版社 ［010－83139469 010－83139489（传真）］
社　址	北京市西城区天宁寺前街2号北院A座一屋
	邮编：100055
印　刷	廊坊市海涛印刷有限公司

开　本	710×1000　1/16
字　数	147 千字
印　张	11.5
版　次	2020 年 7 月　北京第 1 版
印　次	2020 年 7 月　第 1 次印刷
定　价	50.00 元

编辑委员会

目　录

华文教育

思政教育

教育教学研究

高校管理

CONTENTS

基于侨校培养目标的境外生
国情教育路径探析

方旭红[1] 孙娟娟[2]

摘 要: 华侨大学作为一所华侨高等学府,加强对港澳台侨学生的国情教育,使其知国、爱国、报国,是新时期实现中央对我校办学使命和培养目标要求的关键要义。统筹人才培养方案,推进课程思政改革,加大实践课程建设力度,不断按照从"认知"到"认同"再到"践行"的路径进行国情教育,才能引领广大境外生成为坚定爱国者和中外交流的文化使者。

关键词: 侨校;境外生;国情教育;路径

2018 年中央统战部对我校境外学生的培养目标提出了明确要求,港澳台地区学生的培养目标是:培养自觉拥护祖国统一、拥护"一国两制"、为港澳地区长期繁荣稳定和实现祖国和平统一做贡献的坚定爱国者。华侨华人学生的培养目标是:培养了解和热爱中华文化、对中国友好、主动担当中外交流的文化使者。

如何结合我校办学使命与初心,在教学育人全过程将这个培养目标与定位一以贯之，实现中央统战部对我校境外生培养的要求，是需要我们全校上下达成一致共识、实现全员行动、进行全程化培养的重大政治和战略任务。笔者认为，加强对港澳台侨学生的国情教育，使其知国、爱国、报国，是实现这一目标的关键要义。

一、国情教育的内涵与调研问题的确定

国情教育是使学生了解中国政治、经济、自然生态等方面的基本情况，从而激发起爱国热情的教育。主要包括近百年来中国历史的教育、社会主义必然性的教育、经济文化发展现状的教育、经济资源和人口问题的教育、中华民族优秀传统的教育等。国情可分为两类：一是自然国情，如资源、地理、环境、人口；二是人文国情，如历史传统、文化背景、政治制度、经济制度等。进行此项教育的目的在于使全民，尤其是年轻一代在考虑和处理一切问题时都能从中国的基本国情出发，并激发热爱祖国、振兴中华的思想感情。

一定要先有所了解，才会有爱；要先有认知，才会产生认同。从认同的理论来看，"认同是人们意义与经验的来源，是行动者自身的意义来源。"[1]要实现中央统战部对我校港澳台侨学生培养目标的要求，就需要让他们对中国的历史、文化、社会主义现代化建设成就，以及"一国两制"政策产生认同。而认同是行动者自身通过个体化过程建构起来的。"认同的建构所运用的材料来自历史、地理、生物，来自生产和再生产的制度，来自集体记忆和个人幻觉，也来自权利机器和宗教启示。"[2]要使港澳台侨学生认同中华文化、认同"一国两制"，就要使他们能够深入了解并喜爱中华文化、中国历史、中国社会主义现代化建设的伟大成就及"一国两制"政策的由来及其内涵。

为深度了解境外生对国情社情的认知情况，围绕10个方面，我们对旅

游学院大一到大四不同年级专业的 50 名境外生进行了相关访谈调研。其中有缅甸、泰国等外国留学生，也有港澳台侨学生。调研提纲如下：

1. 就读华侨大学之前，您是否了解中国的历史和文化？主要通过什么途径了解中国的历史和文化？

2. 中国历史上曾涌现出众多杰出人物，您知道哪些？您能在政治、军事、经济、科学、文学、艺术等领域各列举出 10 个杰出人物吗？您如何评价他们？

3. 鸦片战争后，中国一度饱受西方列强的侵略和欺侮，您了解这段历史吗？您知道近代历史上香港地区、澳门地区、台湾地区与祖国的关系吗？您如何看待这种关系？您知道华侨华人的形成历史吗？

4. 1949 年以来，国家在各个领域的社会主义现代化建设中都取得了巨大的成就，已成为世界第二大经济体，您熟悉这段历史吗？您如何看待国家所取得的成就？

5. 您去过哪些省份、哪些城市、哪些著名旅游景区？您参观过哪些乡村？您如何评价这些地方？

6. 您知道当代中国哪些著名的企业、重大工程？您知道当代中国哪些著名的科学家、学者、企业家、文学家、艺术家？您希望在校学习期间，更多地获取这方面的知识吗？

7. 您了解"一国两制"吗？您知道国家为什么提出"一国两制"？您觉得在校学习期间，如何才能更好地理解、掌握"一国两制"的精髓？

8. 您希望更多地了解中国的历史和文化以及当前中国的社会主义现代化建设成就吗？您希望通过现有的课程，学习到更多的关于中国的历史、文化以及当前社会主义现代化建设成就的知识吗？您希望通过什么途径，更好地学习中国的历史、文化和社会主义现代化建设成就的知识？

9. 您认为就读华侨大学最吸引你的是什么？哪些课程或活动让你印象

最深刻，收获最大？

10. 您认为学校在哪些方面还存在不足，有什么意见建议？

二、调研结果分析

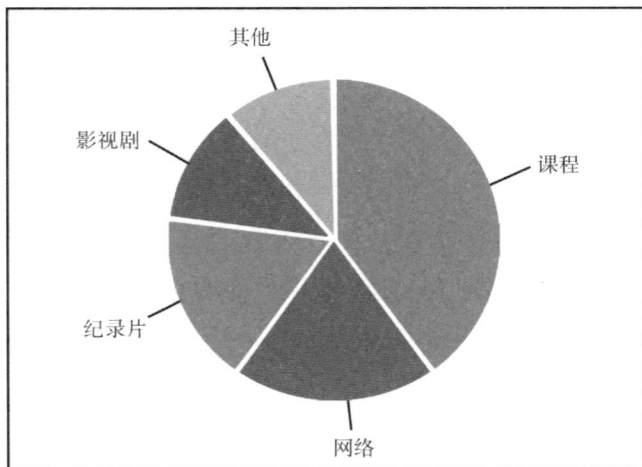

图 1　对中国历史文化的了解途径

从调研结果看，对中国的历史和文化，港澳台地区的学生大多表示，入读华侨大学之前有所了解，了解的途径主要是通过中学的历史课和教师的讲解，还有一些学生表示通过网络、纪录片、影视剧了解。在境内就读高中的侨生，因为有相关课程也会有所了解。

对于中国历史上曾经涌现出的众多杰出人物，约四分之一的学生能列举出近10位人物，其他学生则有所欠缺。在能列出多位人物的学生中，他们所知的主要集中于政治、军事领域，其他领域的则相对较少。学生们对这些杰出人物都给予了积极评价，认为这些杰出人物"给后世带来了很大的影响，促进了中国的发展"。

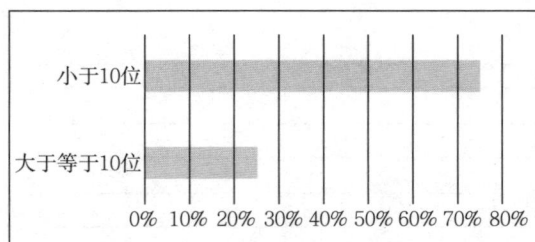

图2　列举的杰出人物数目　　　　　图3　列举的杰出人物领域

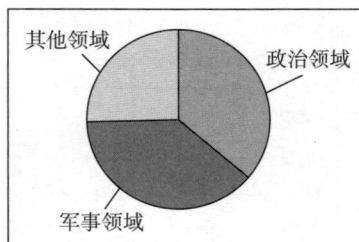

对于鸦片战争后中国曾经饱受西方列强侵略的历史，大多数学生表示有一定了解，也有些学生表示不是很清楚。对于近代历史上香港地区、澳门地区、台湾地区与祖国的关系，部分学生表示有所了解，也有不少学生表示不知道。对于华侨华人的形成历史，多数学生表示"不知道"。

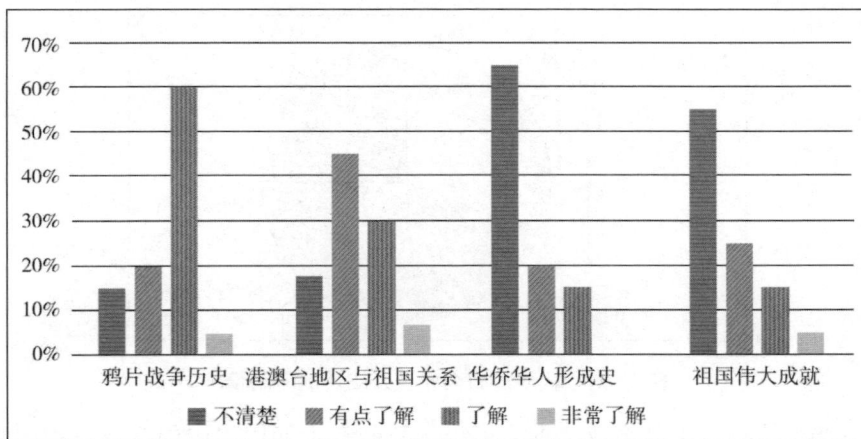

图4　对中国历史的了解情况

对于国家在社会主义现代化建设中取得的巨大成就，部分学生表示知道，并且感到骄傲，认为是国家政策得当、人民努力的结果；但也有相当多的学生表示"不清楚""不知道"。

对于现实的中国，除了少部分学生表示去过一些省份、著名城市、风景名胜区，有亲身观察、感受到国家的进步外，大部分学生感知有限，很多学生表示只到过广东的广州、深圳，福建的厦门、泉州。对于乡村，绝大多数学生表示没有亲身到访过。

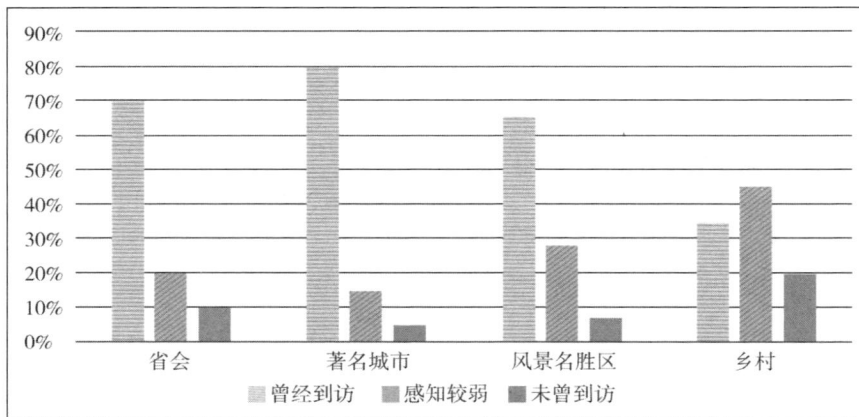

图 5　对现实中国的到访情况

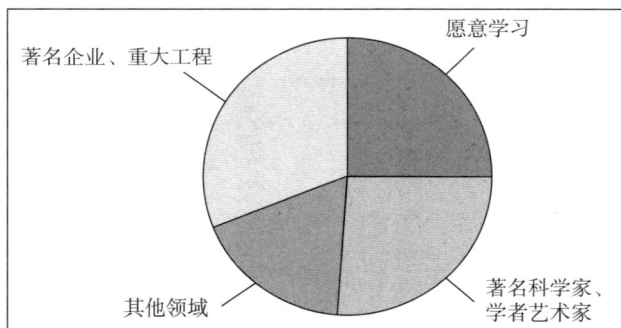

图 6　对当代中国著名企业及工程的了解情况

当代中国的著名企业、重大工程，部分学生能说出中国银行、中国移动、腾讯、阿里巴巴，以及三峡工程、青藏铁路等，也有一些学生表示"不清楚"。对于当代中国著名的科学家、学者、企业家、文学家、艺术家等，学生们了解的领域也不均衡，部分学生表示对钱学森、邓稼先等媒体报道比较多的"两弹一星"功勋人物以及鲁迅、巴金、老舍等文学家有所了解，而对其他领域的人物则所知有限。也有相当多的学生表示"不清楚""不知道"。学生们普遍表示，希望在校期间能够更多地获取相关知识。

对于"一国两制"，除了部分学生比较了解外，相当多的学生表示"没有深入了解"。对于在校学习期间，如何才能更好地理解、掌握"一国两制"的精髓问题，很多学生表示"不知道"。

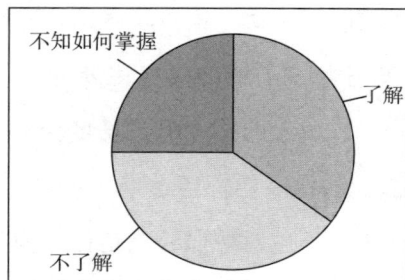

图7 对于"一国两制"的了解情况

学生们普遍表示希望更多地了解中国的历史、文化以及当前中国的社会主义现代化建设成就；希望通过现有课程，学习到更多关于中国的历史、文化以及当前社会主义现代化建设成就的知识，并且表示希望通过课程、新闻、公众号、知识活动、文化之旅以及网上学习等方式更好地学习、了解中国的历史、文化和社会主义现代化建设成就。

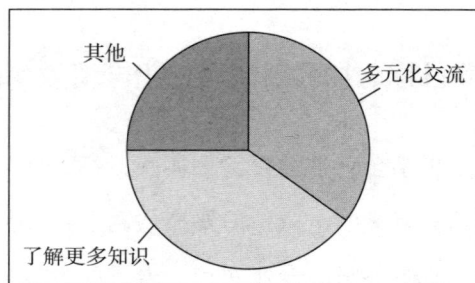

图8 吸引来华侨大学就读的原因

学生们大多表示，吸引他们来华侨大学就读的主要因素是学校有"来自许多不同国家与地区的同学、多元化的交流""了解到更多的文化知识"。很多学生认为学校的实践课让他们收获很大。还有学生表示专业课让他们收获很大，为未来工作打下了基础。

从调研结果来看，我校"会通中外""多元交融"的侨校特色文化是吸引境外生前来入读的重要优势。他们对中国的历史、文化了解程度参差不齐，除少数学生有所了解，还有相当多的学生"不知道""不清楚"。有所了解的学生，了解的也不够全面，偏重于政治、军事方面，对经济、科学、艺术等方面则所知有限。了解的途径主要为中学历史课，此外，网络、影视剧也有重要影响。由于网络上的信息良莠不齐，影视剧又有很大的"戏说"成分，这就无法保障他们能够获得准确、客观的知识和信息，形成正确的历史观。广大境外生对中国香港地区、澳门地区、台湾地区在近代历史上与祖国的关系也不是很清楚，对华侨华人的历史更是不明白。很多学生虽然知道"一国两制"这个词，但对其形成背景以及内涵则不是很清楚。对于国家的社会主义现代化建设成就，境外生们大多不清楚；对当前中国城乡发展状况、现实国情，也缺少较为全面的认知。

不过，境外生们普遍表示希望能够更多地了解中国的历史、文化以及当前的社会主义现代化建设成就；并且表示希望通过课程学习、网络资源、文化节活动以及文化之旅研学活动等方式和途径来加强国情教育。

三、围绕培养目标，加强港澳台侨生国情教育的具体路径

基于以上调查，再结合日常教育管理实践，笔者认为，要实现中央统战部对我校境外生培养目标的定位，需要抓住两个核心问题：一是让他们在专业上学有所成，具备一定的专业知识、专业能力，这是他们今后赖以安身立命的基础；二是让他们充分了解中国的历史、文化、社会主义现代化建设成就，了解"一国两制"政策和华侨华人的来龙去脉，使他们对中国的历史、文化、社会主义现代化建设成就产生自豪感、认同感。这是让港澳台地区学生成为自觉拥护祖国统一、拥护"一国两制"、为港澳地区长期繁荣稳定和实现祖国和平统一做贡献的坚定爱国者，让侨生成为了解

和热爱中华文化、对中国友好、主动担当中外交流的文化使者的内生动力。因此，国情教育应该更迫切、更必要、更重要！需要时刻将中央统战部要求的人才培养目标贯穿于教育教学的全过程。对此，思考如下：

（一）在学校整体层面，统一对境外生的人才培养方案进行统筹谋划，以中央统战部的人才培养目标定位为指针，加强顶层设计，根据港澳台侨生源地社会经济发展状况、人才需求趋势和港澳台侨学生实际及专业情况，有针对、有区别地制定境外生人才培养方案。

（二）统筹好专业课程、通识课程、实践课程教学的关系，通过境外生课程体系设置、课程内容建构，推动课堂教学与实践教学有机融合，第一课堂与第二课堂有效衔接。具体包括：

1. 境外生授课教材

加强国情教育首先要在内容供给方面进行供给侧改革，课堂教学必须要以教材建设为抓手，通过编写境外生适用的多维立体教材，讲好中国故事。一要全面、系统地介绍中国传统文化和中华文明成果；二要结合近代中国一度遭受西方列强侵略、欺侮和中国人民奋起抗争的历史背景，讲清、讲透香港地区、澳门地区、台湾地区问题的由来以及华侨华人的历史；三要加大介绍新中国成立以来，在党的领导下，国家在社会主义现代化建设中所取得的辉煌成就；四要改造一些关键课程的教材，如《特别行政区基本法》，要将其改造为《中华人民共和国宪法与特别行政区基本法》，不仅讲"两制"，更要讲"一国"。此外，针对一部分境外生群体的英语水平较高，在外语类教材中可以突破常规《大学英语》的编写思路，精选外国人写作的有关中国历史、文化、社会主义现代化建设成就的优秀作品，以外国人的视野，讲中国故事，更能激发其共鸣与认同；大学语文教材，建议以精选的课文文本为窗口，导入延伸阅读材料，将课文文本内容融入中国璀璨的历史、文化和社会主义现代化建设成就的宏观情境，将国情教育渗透到每一篇文章，润物无声地实现以文化人、以文育人的培养目标。

2. 境外生授课教师资质

除了教材与讲授内容，授课教师的政治觉悟与能力水平也与之密切相关。当前，学校正在遴选境外生授课教师，着力提升境外生授课教师教学能力，这非常必要。但笔者认为还要加强对境外生授课教师的校情校史教育，提升其对学校办学使命与国家战略任务的认识与认同，这样在境外生培养过程中才能全校一盘棋，同向同行形成合力。

3. 境外生授课方式

推进课程思政改革，创新国情教育方式方法。在课堂教学尤其是境外生的课堂中，鼓励启发式、引导式教学，挖掘课程蕴含的思想政治教育资源，给予学生正确的价值引领。境外生的课程思政，应该重点在于挖掘课程所蕴含的中华优秀文化传统、中国现代化建设成就，以及在各领域取得杰出成就、具有突出影响的中国科学家、著名学者、各领域杰出人物的事迹，善用课程讲好中国故事，激发学生的民族自豪感和文化自信心，进而促进他们的国家认同、文化认同。

4. 加大实践课程建设力度，提升实践教学内涵

一方面要利用专业实践教学基地，将港澳台侨学生带进行业、产业生产现场，真切感知行业、产业运作情况，通过"激发式"教学，调动学生的主动性、积极性，培养学生发现问题、分析问题、解决问题的能力和团队合作精神。另一方面，通过遴选一批历史文化名城、历史文化街区、历史文化名镇、历史文化名村、风景名胜区、新农村建设示范村、著名企业、博物馆、科技馆等作为境外生通识教育实践教学基地，将部分课程内容开设到基地，进行移动教学，加强情境体验和主题教育，让境外生能真

切感知国家的厚重历史和现代化建设成就。最近学校与中国闽台缘博物馆达成共建协议，作为学生思想政治教育基地。如果切实用好这一平台和资源，进行现场移动教学，国情教育效果不言而喻。

5. 打通第一课堂和第二课堂

依托大创小创、大挑小挑及各专业技能大赛等科技创新赛事，依托寒暑假学生实践等平台，将专业教学内容转换为学生第二课堂，各类赛事活动的项目和选题，采取措施，鼓励境外生和境内生联合组队，融合参加相关活动，发挥课程引领学生能力提升功能。进一步挖掘和发挥我校境外生"中国文化之旅"冬夏令营和研学旅游活动的育人功能，探索课堂、研学有机衔接。以研学活动为载体，结合学生的实际情况和课程需要，从形式、内容、管理模式及评价方式建立完整体系，促使研学旅行活动与课程有机结合，优化线路设计，优化项目设计，通过学习、实践与分享，增强境外生对中华文化的认同感与国情认知，促使研学之旅内化于心，外化于行，切实围绕培养目标做好港澳台侨学生的教育与培养。

我校近两年组织的中国文化之旅研习活动，通过不断完善和实践"三会一集"的工作原则与方法，以"弘扬中华文化，培育家国情怀"为出发点和落脚点，"学·游结合，以学为主"，使得参与其中的境外生获得感更强，教育效果更明显。以笔者参与的2019年中国文化之旅巴蜀文化研习营为例，近40名来自不同国家地区的境外学生通过为期一周的研习考察，一路感受及分享总结，并分别从巴蜀美食文化、巴蜀历史文化、巴蜀人文艺术以及巴蜀自然景观等不同视角，在研学中有针对性地进行实地考察与体验，最后对国情教育学习的成果汇报也是入情入境感受颇丰。

希望类似这样的境外生国情教育能进一步与第一课堂教学相结合，逐步实现课程化与学分制，不断按照从"认知"到"认同"再到"践行"的路径加强国情教育，培养港澳台侨学生的家国情怀。

（三）促进境外生和境内生融合发展。在行政班级的编班上，建议将境内外生融合编班，促进情感交汇；在住宿方面，鼓励境外生和境内生同住一舍或者同一栋楼，促进生活交织；在课外活动中，引导境内外生共同组织共同参与，促进文化交融。

参考文献

［1］［美］曼纽卡·卡斯特. 认同的力量（第二版）. 曹荣湘，译. 北京：社会科学文献出版社，2006：3.

［2］［美］曼纽卡·卡斯特. 认同的力量（第二版）. 曹荣湘，译. 北京：社会科学文献出版社，2006：8.

1. 华侨大学　教务处　2. 华侨大学　旅游学院

香港学生内地升学就业及融入发展的诉求与回应①

华侨大学课题组②

摘 要：香港地区青少年国家认同是近些年国内政界和学界持续关注的重大理论和实践问题之一。以香港中学生和内地高校港籍大学生作为特定对象，实地调研四所不同性质的香港中学以及内地招收香港学生最多的华侨大学和暨南大学开展问卷调查和深度访谈，实证考察香港学生赴内地升学就业及融入发展等三方面的动机和基本诉求，探究香港学生赴内地升学就业及融入发展的障碍因素，归结出香港学生基本诉求的宏观环境因素、高校因素、个人和家庭因素等三方面影响因素，建立推拉理论模型，构建香港学生内地升学就业及融入发展诉求的"三位一体"模式建设性回应体系，以期促进内地和香港深度融合，引导香港青少年爱国爱港。

关键词：香港学生；升学就业；融入发展；诉求回应

---

① 基金项目：2017 年度教育部人文社会科学研究规划基金《内地高校香港学生国家认同实证研究》（编号：17YJA710017）。
② 课题负责人：骆文伟（1969— ），男，福建泉州人，副教授、思想政治教育硕士生导师，主要从事中国传统文化和港澳台地区青少年国家认同研究。本文撰写人：骆文伟、郑芸、范荣、骆嘉意、庄冬宁、郑钟秀。

近年来，内地与香港的政治、经济、文化各领域的交流日趋密切。与此同时，香港社会爆发了诸如反国民教育、"占中"游行等恶性事件，尤其进入 2018 年以来，香港多所高校接连出现了"同声播独"与境内外势力勾结"五独合流"以及最近发生阻修《逃犯条约》大游行等事件，凸显了香港地区国家认同缺失问题日趋严峻，且呈年轻化、复杂性、持续性等特性。伴随着各项政策的调整放宽和内地高校的竞争力持续提升，内地高校对港澳台地区学生的吸引力也在逐渐增强。作为一所华侨高等院校，维护香港地区团结稳定和长期繁荣是华侨大学义不容辞的责任。党的十九大报告指出，"必须把维护中央对香港、澳门特别行政区全面管治权和保障特别行政区高度自治权有机结合起来，确保'一国两制'方针不会变、不动摇，确保'一国两制'实践不变形、不走样""全面推进内地同香港、澳门互利合作，制定完善便利香港、澳门居民在内地发展的政策措施"[1]。2018 年 10 月 24 日，习近平总书记考察了暨南大学并发表了高屋建瓴的重要讲话，为华侨高等院校未来的发展指明了方向。2019 年 2 月 18 日，《粤港澳大湾区发展规划纲要》正式颁发，推进粤港澳大湾区建设是以习近平同志为核心的党中央做出的重大决策，也是推动"一国两制"事业发展的新实践[2]。资料同时显示，2019 年 1 月"青年创研库"访问了 522 名 18 岁至 39 岁在职或待业香港青年，有半数的香港青年愿赴大湾区就（创）业[3]，香港学生赴内地就（创）业意愿提高。本课题以党的十九大报告和习近平总书记视察暨南大学重要讲话精神为指导，基于以上战略背景展开香港学生内地升学就业及融入发展的诉求调查研究。

一、香港学生内地升学就业及融入发展的诉求与分析

1. 调研综述

本文以香港中学生和内地高校香港学生作为特定对象，课题组先后三

次赶赴香港实地调研圣士提反堂中学、仁济医院王华湘中学、天主教慈幼会伍少梅中学、将军澳香岛中学等四所不同性质的香港中学，并选取内地最具有代表性且招收香港学生最多的华侨大学和暨南大学（两校香港学生约占内地高校的三分之二）开展三轮问卷调查，共发放香港中学生问卷415份，回收有效问卷346份；发放内地高校香港学生问卷250份，回收有效问卷213份。问卷共有20道题，采用李克特五级量表，题项主要分为三类，分别为内地升学意向和高校课程设置满意度等、内地就业意向及担忧等、融入发展意向和障碍调查等，其中主要题目包括："您对下列香港学生入读内地本科的升学途径的了解程度？""您对下列选择前往内地求学的原因的同意程度？""您在未来有在内地就业或创业倾向吗？"同时，深度访谈内地高校董事会香港办事处、香港中学管理人员、内地高校外招、教育、管理部门负责人和学者30余人。访谈和问卷均采用普通话繁体字和粤语两种版本。

（1）香港学生内地升学的诉求分析

课题组访谈发现香港学生在内地升学的诉求主要表现在报读内地高校遇到的困难、之后就读的适应障碍以及高校文化或活动的问题。在第三次问卷的调研结果中该题有效填写人数：香港中学生36人；内地香港境外学生53人。由于学生对"娱乐表演型"和"旅游观光型"等活动都已有一定的了解和体验，故课题组对这两组数据进行了合并分析，使用李克特五级量表对结果按照均值大小比较排列，结果发现：最小值为1，最大值为5，极差为4。每组标准差在1.03563—0.94823之间，说明每组内部数据波动较小，选项较为集中。在结果中，"学术科研型"活动的得分较低，即喜欢程度相对较低，而"旅游观光型"活动的喜欢程度较高，可见旅游观光型的活动较受香港学生喜爱，因此，内地高校可以适时多举办此类活动（分析结果见表1）。

表1　港生对内地高校活动类型的喜欢程度①

活动类型	个案数	最小值	最大值	总和	平均值		标准差
	统计	统计	统计	统计	统计	标准误差	统计
1. 学术科研型	89	1.00	5.00	283.00	3.1798	.10051	.94823
2. 运动比赛型	89	1.00	5.00	279.00	3.1348	.10978	1.03563
3. 文化探究型	89	1.00	5.00	304.00	3.4157	.10456	.98637
4. 旅游观光型	89	1.00	5.00	337.00	3.7865	.10894	1.02771
5. 表演娱乐型	89	1.00	5.00	315.00	3.5393	.10607	1.00064
有效个案数（成列）	89						

（2）香港学生内地就业创业的诉求分析

表2　对高校设置的职业规划教育的满意程度②

	个案数	最小值	最大值	总和	平均值		标准差
	统计	统计	统计	统计	统计	标准误差	统计
1. 创业就业信息平台	53	1.00	5.00	181.00	3.4151	.12177	.88652
2. 高校职业规划课程设置	53	1.00	5.00	180.00	3.3962	.13014	.94746
3. 高校教师职规指导的针对性	53	1.00	5.00	178.00	3.3585	.12076	.87912
4. 高校教师职规指导的有效性	53	1.00	5.00	179.00	3.3774	.11501	.83727
5. 创业就业讲座	53	1.00	5.00	179.00	3.3774	.10512	.76527
有效个案数（成列）	53						

　　香港学生在内地就业创业的诉求主要反映在对社会保障机制、晋升机制、薪酬待遇、工作环境、文化理念差异、就业创业前景及指导或相关服务等方面上，特别集中反映在高校为其制定职业规划教育的问题上。在"对高校设置的职业规划教育的满意程度"调研结果的均值分析中，大部分港生对"创业就业讲座"和"高校教师职规指导的针对性和有效性"满

---

① 资料来源：课题组分析整理。

② 资料来源：课题组整理。

意度都较低（分析结果见表2）。由此说明，内地高校应找出合适路径满足其诉求，有效提高学生对课程的认可度和指导满意度。

（3）香港学生内地融入发展的诉求分析

在访谈中发现：香港学生融入内地发展的诉求主要包括文化融入、政治融入、经济融入以及全面发展等，具体体现在与内地人的相处、彼此间文化碰撞交融、国民待遇、去特殊化、内地就业或生活减少身份限制等诉求上。

2. 基于推拉理论的内地和香港差异性分析

（1）理论应用

20世纪60年代，美国学者 E. S. Lee 提出了系统的人口迁移理论——"推拉理论"，并运用该理论来分析影响人口流动的因素[4]。他认为，"推力"是消极因素，这些因素会促使人民离开原居住地；而"拉力"则是积极因素，会驱动人民往新的居住地移动。这些因素具体贯穿了经济、政治、文化、宗教、就业等各个领域。此后国内外很多学者尝试将推拉理论应用于留学生特点及影响因素研究。Philip G. Altbach（1998）在《留学生困境》一书中提出了影响学生流动的推力和拉力因素，涉及政治、经济、社会文化和教育等方面因素，如政治环境稳定性、教育水平和奖学金设置等[5]。Sirowy 和 Inkeles（1985）在其著作中提到学生流动主要是由生源地的"推力"和求学地的"拉力"组成的合力所影响，并具体指出其中的推力因素可能包括生源地大学能够包含的名额不足、对特定学术领域的研究不足等，拉力则具体包含了相对便宜的教育费用、相同的语言文化等[6]。

推拉理论对于本文研究具有积极的借鉴作用。调研发现，香港学生内地升学就业及融入发展的动因包括内在因素和外在因素。内在因素主要归因于学生个人的价值观、需求及家庭的羁绊等；外在因素主要指两地客观存在的差异，即内地在政治、经济、社会文化宏观环境和高等学校等方面的"拉力"。据此建立基于推拉理论的香港学生内地升学就业和融入发展的模型,如图1。

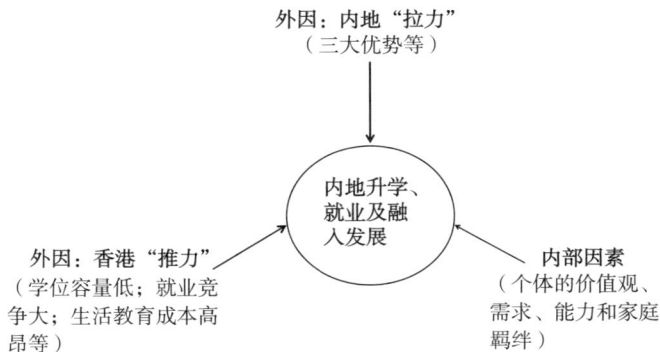

图1 香港学生内地升学就业及融入发展模型[①]

（2）内地的拉力因素分析

表3 内地拉力因素分析[②]

	个案数	最小值	最大值	总和	平均值		标准差
	统计	统计	统计	统计	统计	标准误差	统计
1. 在内地生活已久,习惯内地生活	53	1.00	5.00	189.00	3.5660	.13870	1.00975
2. 内地高校入学条件容易	53	2.00	5.00	208.00	3.9245	.10381	.75572
3. 在内地就业做准备	53	1.00	5.00	190.00	3.5849	.13316	.96942
4. 在内地创业做准备	53	1.00	5.00	185.00	3.4906	.14907	1.08526
5. 内地求学成本低	53	1.00	5.00	203.00	3.8302	.12267	.89305
6. 香港地区较小,很多专业没开设	53	1.00	5.00	163.00	3.0755	.14469	1.05337
7. 政策倾斜	53	1.00	5.00	188.00	3.5472	.13621	.99162
有效个案数（成列）	53						

在第三次针对内地香港学生关于内地的拉力因素的调查中,课题组使用李克特五级量表进行统计按照均值大小比较排列,以均值等于3为中间

① 资料来源：课题组整理。
② 资料来源：课题组整理。

值，可以发现香港境外学生对于内地的拉力因素的认同度都很高，其中以
"内地高校入学容易"和"内地求学成本较低"居高（如表3）。总的来
看，区别于其他地域，内地吸引香港学生主要存在成本优势、经济发展前
景良好的优势和文化底蕴优势等三大优势。在选择赴内地的众多原因中，
成本低是港生考虑的重要因素之一。

较之香港本地以及其他发达国家或地区，内地的生活和教育成本较低
且两地距离相对较近，尤其是迅猛发展、纵横交错的交通网络，因此内地
成为众多港生的首要选择。

（3）内地的推力因素分析

从总体上说，内地的福利政策和社会保障，以及就业待遇等方面尚存
不足，与香港地区的福利水平仍存在较大差距，且经济发展水平的不均衡
等问题凸显。

政治、文化方面，部分港生对内地学校的学术氛围仍存有一定偏见，
对内地文化有拒斥感，造成港生接受并融入内地文化存在沟壑。此外，香
港的官方语言是中文和英文，所有官方标志均以双语标识；内地语言系统
则更为复杂，官方语言为中文，正式的口语为普通话，但各地都有自己的
方言，且两地在应用中文时的范围明显不同：内地所有正式的文件或法律
条例都是用中文签署的，但在香港，政府使用的书面语言多为英语。经调
研数据佐证（如表4题项2）"语言使用习惯"等带来的文化融合障碍，
使得内地人拥护地区"内群体"排斥"外群体"的现象更加明显，不利于
两地人民的深度融合。

就内地高校而言，办学层次和办学水平良莠不齐，受传统教学模式的
掣肘，较之港校，内地高校课堂教学具有一定的封闭性和保守性，教学模
式和教学方式较为单一，一定程度上扼杀了学生的个性化发展；内地通识
教育起步较晚，改革力度不大，而香港教育较早且普遍注重通识教育。

此外，在就（创）业方面，虽然近年来政府对港生赴内地就业和创业出台了许多优惠政策，吸引了许多港生，但港生就业或创业的诉求还存在许多缺陷，在对内地推力因素的分析中（表4），可以发现"毕业后的就业问题"成为许多香港学生最为担忧的问题。

表4　内地推力因素分析①

	个案数	最小值	最大值	总和	平均值		标准差
	统计	统计	统计	统计	统计	标准误差	统计
1. 缺乏辅导教材（应对考试）	53	1.00	5.00	182.00	3.4340	.11899	.86623
2. 语言存在差异（包括字体不同）	53	1.00	5.00	165.00	3.1132	.11637	.84718
3. 生活习惯不同，社交障碍	53	2.00	5.00	166.00	3.1321	.12059	.87789
4. 课堂模式不同，文化差异	53	1.00	5.00	175.00	3.3019	.13357	.97241
5. 对内地高校录取标准陌生	53	1.00	5.00	179.00	3.3774	.12983	.94516
6. 毕业后的就业问题	53	1.00	5.00	196.00	3.6981	.14149	1.03003
有效个案数（成列）	53						

（4）香港的拉力因素分析

从总体上说，香港经济发展水平较内地大部分地区发达，基础设施和社会保障体系较为完善，工资水平较高，政策体制等更为人性化，社会文化较为开放和包容等。

香港目前施行的是双轨制的科研拨款体制，既有通过教资会直接拨付的研究用途拨款，也有经研资局拨付的研究补助金[7]。相较而言，香港高校科研拨款体制较为完善，更容易吸引人才；对于大部分香港学生来说，其家人和社会资源积累多留在香港，来自个人和家庭羁绊的影响较大。

香港自1997年回归至今已23余年，回归之前，香港为英国殖民地，因此英国殖民化统治对香港的影响根深蒂固。部分香港青年对内地文化的渗入，有着抗拒的潜意识，他们父辈中不乏有接受西式教育者，对部分港

---

① 资料来源：课题组整理。

生而言，独特的香港文化才是值得留恋的。在核心价值观上，尽管港生受中国传统文化影响日益提升，但是由于长期受到西方文化潜移默化的影响，民主、自由等意识更为突出，加深了港生对西方文化的推崇。

（5）香港的推力因素分析

首先，迄今为止香港地区仅有高校 20 余所，且香港中学生基数庞大，高校学位容量低、入学门槛高，学生面临的升学压力较大、竞争激烈，生活教育成本大，教育资源出现供需匹配失衡等问题。在调研过程中，调研对象中有超过 60% 以上的香港学生认为报考香港高校竞争激烈，而赴内地升学较为容易。根据已有数据显示，在香港，港籍学生的本科学费每年统一为港币 42100 元（另外还可申请助学金），每年每个学生承担的学费最低需 2 万多港币，这对很多香港普通家庭来说具有一定的经济压力。其次，香港的经济、社会发展目前已达到一定饱和度，人口过于密集，就业相对困难，工作压力很大，生活节奏也很快。

二、香港学生内地升学就业及融入发展的影响因素

1. 宏观环境因素

（1）政治因素：复杂因素影响国家认同

香港回归以来，我国实行"一国两制"的政治制度，由于特殊的政治文化背景和意识形态差异，香港与内地在政治方面迥异。香港学生对于"香港人"身份的归属感和认同感十分强烈，在身份认同上他们不约而同地把"香港人"排在第一，其次才是"中国人"[8]。资料显示，如图 2 所示，香港市民的身份认同状况近年来呈逐年下滑趋势。特别是 18—29 岁年龄组的香港青年认为"我是中国人"的百分比不足 10%。

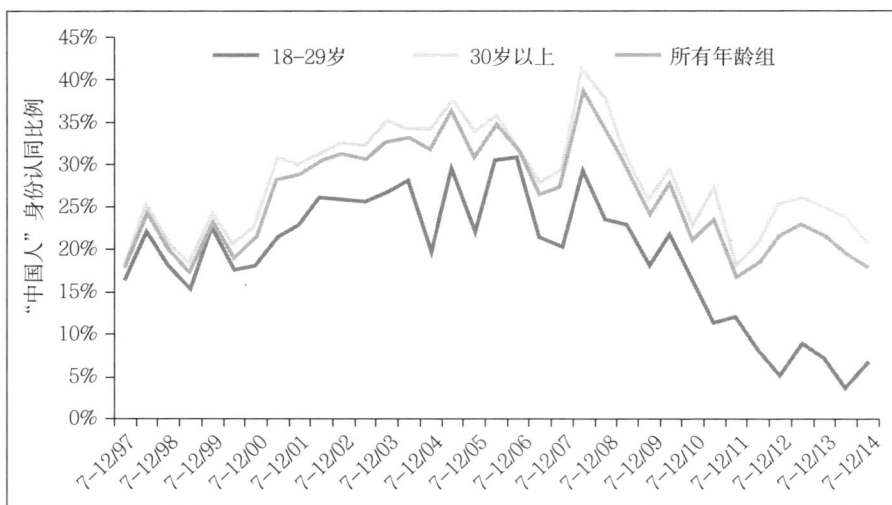

图 2　香港市民"中国人"身份认同比例（1997—2014）[①]

长期以来，受历史和多重政治因素的干扰，一些离散两地关系、鼓吹分离主义意识等纰缪的言论蔚然成风，香港学生大多缺乏系统化的国民、国史和国情教育，导致部分香港学生对内地存在严重偏见与抵抗，更遑论到内地就读或就（创）业。

（2）经济因素：港生失惠国家发展红利

近年来，我国经济发展进入新常态，在科技、教育和医疗等领域的投资增速迅猛，且北上广深等大城市皆已有相对成熟的创业生态圈，极具优势。然而开放自由行后，经济的增长并没有使香港人在内地工资增长，房价却增加了不少，香港学生赴内地就读并不能享受国家城镇医疗保险等福利，在就业方面由于身份限制也遇到许多阻碍，感受不到国家经济的发展对自身的好处，也便不愿意到内地升学及就业，更毋论在内地融入发展。

（3）社会文化因素：两地差异衍生拒斥心理

香港社会文化氛围相对比较开放自由，得益于此种氛围，香港学生能

---

① 资料来源：1997 年至 2014 年香港大学关于"香港市民国家认同感"调查数据

够更加自由地发展自己的喜好和特长。改革开放之后，香港的殖民史、殖民残留并没有完全清除，使得如今香港中学教育仍然存在殖民化的问题。因此香港大多数人使用英语与粤语，有些学生对普通话不够熟悉，对内地的文化认同感较低。面对日益增多的"新移民"，在融合、社交等方面接受程度开始逐渐降低。调查发现，大多数香港学生对中国传统文化了解较少，且认为与内地存在一定的沟通问题和文化交流差异，赴内地升学或就业后无法完全融入其中。两地社会文化氛围的差异，导致香港与内地思想差异显著。同时，两地学生的心理也复杂化，导致港生赴内地升学就业及融入发展的犹豫和困惑。

2. 高校因素

（1）品牌价值因素：品牌匮乏失利底蕴濡染

高校品牌资源是学校形象的反映，包括知名度和美誉度。知名度反映的是高校形象的"量"，而美誉度反映的是其"质"。高校的美誉度主要是学校获社会称颂、赞誉的程度，是社会大众予以学校形象评价的社会指标，主要取决于高校的学术水平、学科建设程度、科研和教学水平等因素。高校的知名度主要是指校名、校徽、校训等为公共所熟知的外在符号，包含被认知的深度和广度，尤其是高校校名与校训在学生报考时更是起到无形的助力作用，历史悠久的校名往往成为大学的著名文化品牌，如暨南大学之"暨南"二字语出《尚书·禹贡》："东渐于海，西被于流沙，朔南暨，声教讫于四海。"[9]，意思是说将中华民族优秀的道德风尚和文化教育传播至五洲四海。独特的校名涵义与学校一直以来的办学宗旨、理念一致，这在我国高校中并不多见，校名因而也成为暨南大学的一种文化符号。

学校品牌文化的匮乏现象在我国内地高校中极为常见，特别是在建校时间较短的高校中尤为明显，很多高校改校名、换校徽，却最终无法弥补其品牌文化底蕴的沦失，究其原因，乃是忽略将校名、校徽等校园文化符号与学校办学宗旨相结合，顾此失彼，致使品牌匮乏现象日益严重。

结合我们前面的访谈及调查结果分析来看，高校品牌是很多香港学生及其家长所重视的一大因素，而目前国内很多高校的品牌文化建设难以满足香港学生的诉求和家长的期望。

（2）科研水平因素：学术崇尚掣肘招择匹配

科研水平不仅与教学水平、科研创新能力和学科发展水平有关，还要求有强劲实力的人力资源和充足的物质资源保障，且需要高校的管理理念与其模式的保证。在高校其他资源配置接近的情况下，出于考研、保研、出国等因素，成绩较好的考生会优先选择学术水平及科研水平较高的高校，而由于对内地高校科研水平的不了解，多数港生虽有意向报考内地高校但仍不敢"冒险"抉择，导致内地高校在和学术水平、科研水平相近的香港高校竞争时经常会出现报考意向"错位"的现象，影响内地高校招生数量与质量，导致内地招生与港生升学诉求不匹配。

（3）教学与管理因素：制度迥异理念失衡并存

高校的教学水平主要取决于教师资源、教师职业素养以及教学方法与模式等，高校管理理念是学校在教学和管理实践和改革过程中长期积累起来的，所形成的管理价值取向、标准与追求，具有一定的稳定性与延续性，与之相对应的管理模式是在管理理念的基础上构建起来的一种相对稳定的、具有指向性的管理行为体系。高校管理理念与管理模式对高校贫困大学生资助体系的建设和校园文化的发展与完善有着直接影响。两地高校管理制度的迥异与理念失衡导致香港中学生及其家长对报考内地高校犹豫，阻碍其赴内地升学就业的步伐。

（4）物质资源配置因素：资源效益渗透遴选权重

高校的物质资源主要由高校用于科研、教学、宿舍、实验室、实验设备及场地等基础设施、硬件设施和所获得的经费、拨款构成。基于此，高校的资源整合能力非常重要，主要取决于学校定位、科研及教学水平、社会声誉、办学方向及效益、管理模式及理念等因素，这些因素是高校建设的保障。高校的物资资源极大地影响着港生选择高校，目前较多内地高校仍存在物资配比不尽合理、重投入轻效益、重科研轻教学、重理论轻实验等问题，使得自身发展与招生进程出现滞后现象。

（5）区域优势因素：区域排斥引发分布悬殊

高校地域资源主要指的是高校的地理环境与位置、所处地的经济地位与政治地位。香港学子自小在港湾长大，对其成长环境已逐渐产生依恋心理，且其家庭成员基本定居于香港，当其漂洋求学时，环境熟悉度与家庭亲密度都是其必须考虑的重要因素。同时大学生对高校的选择多倾向于发达地区，特别是北上广深等大城市，而香港本身就是经济极为发达的国际大都市，并且出于对很多内地城市的不熟悉及对将来就业居住地的考虑，香港学生对内地城市普遍存在流域认同缺失的情况。

3. 个人和家庭因素

（1）个人因素：未来规划繁衍多重忧虑

调查发现，大部分香港中学生存在来内地后学业成绩跟不上、英语能力会下降和不适应内地高校学习模式等学习方面的忧虑，以及语言不通畅、生活环境及内地高校条件不如香港高校等生活方面的忧虑。调查同时发现，大多数香港学生存在不了解报考内地高校的途径、家庭方面支持力度不大、部分中学教师不鼓励学生赴内地高校就读等诸多现象，掣肘香港学生到内地升学就业。此外，访谈中较多比例的香港青年有明显的"香港人"优越感，加之他们对内地了解不深，认为内地在很多方面都远落后于香港，也成为阻碍他们赴内地升学的因素之一。

（2）家庭因素：离乡情感滞碍融入发展

在深度访谈中，许多香港学生表示，离开香港到内地求学意味着远离故乡与亲人，无异于到国外求学。其次，香港与内地的生活习惯以及文化风俗的差异也会触发他们的思家之愁，使得他们的孤独感倍增。此外，未来在哪个城市就业与发展也会影响学生选择大学的意愿，家人常驻香港的学生往往会选择在港发展，这就降低选择内地就读、就业或创业的意愿。

三、香港学生内地升学就业及融入发展的建设性回应

在借鉴国内外相关领域学者成果的基础上，我们力图从宏观环境、高校、个人与家庭等三个层面提出构建"三位一体"模式建设性回应体系，以期促进内地和香港深度融合，引导香港青少年爱国爱港。

1. 宏观环境层面：增进内地与香港协同发展融合力

（1）开放国家事务提升身份认同

一方面，香港是中国的特别行政区，而非中国管辖下的另一主权国家，香港政府应整饬拥有多重国籍的香港公民，承认只拥有中华人民共和国国籍的公民为香港公民，以此来提高香港学生的身份认同感及国家认同感。另一方面，中国政府和特区政府在坚持"一国两制"的前提下，可以放宽限制，让香港居民更多地参与到国家事务的管理中去，提高归属感，如增加青年政协委员比重，优秀的港澳青年代表可聘为政协特聘委员或特邀青年联络员；让香港青年多方融入粤港澳大湾区建设，提高香港青年对国家的向心力。

（2）国家经济战略聚焦青年发展

中共中央国务院于 2017 年 4 月发布的《中长期青年发展规划（2016—2025年）》指出："到 2025 年，具有中国特色的青年发展政策体系

和工作机制更加完善，广大青年成长为：实现中华民族伟大复兴中国梦历史重任的有生力量""保障青年发展经费投入"[10]。访谈中发现，许多港生提到"愿意在内地二三线城市升学并以此为跳板进入一线城市就业发展"，国家在制定经济战略时应给予香港学生适当政策照顾，动员社会力量，多渠道筹集资金，支持青年发展，如设立香港学生国家奖学金、港澳台侨胞免息助学贷款、香港青年创业扶持基金等，让香港学生共享国家经济发展红利，让香港青年更好地融入祖国发展。

（3）中华传统文化滋养家国情怀

针对部分香港学生"重理轻文"的鲜明特点，可在文化传播过程中融入"文、史、哲"等内容，建立港澳台文化交流基地。从科技互动、创新创业、文化体验、学术交流、科学教育、旅游调研、主题夏令营等方面开展与香港学生的交流活动，建立相关基地，增强基地的整体性和综合性，并普及全国，提供专门有力的平台支撑，奠定长远发展基础，同时在试点方便的省、市建立港澳台总基地、分基地，吸引港澳台学生赴内地交流，推进高校深层次的交流与合作。

表5　二元逻辑斯特分析结果表①

方程中的变量					
B	标准误差	瓦尔德	自由度	显著性	Exp（B）
政治	− 1.192	.630	3.586	1	.058	.304
经济	− .307	.570	.291	1	.590	.735
个人	.810	.474	2.915	1	.088	2.247
家庭	− 2.208	.895	6.079	1	.014	.110
学校	.681	.557	1.499	1	.221	1.977
社会文化	1.859	.692	7.220	1	.007	6.418
常量	2.965	1.643	3.259	1	.071	19.400

① 资料来源：课题组整理。

如表 5 所示，以到内地就学意愿为因变量，以内地高校就读（政治、经济、个人、家人、学校、社会文化）因素影响程度为协变量，通过二元逻辑斯蒂回归法分析：在对香港学生前往内地求学的影响因素中，两地社会文化差异对其影响最大，显著性为 0.07，且此影响为正向作用，即当香港学生对两地社会文化越感兴趣时，其前往内地求学的意向越强。

此外，访谈中有香港学生表示"内地在文化上其实也非常吸引我，我考上华侨大学也是报的文史类，自己看着历史其实也非常有认同感"。因此可以进一步扩大孔子学院在香港的传播力和影响力，增强其与内地的合作交流；增加内地高校与香港中学的文化交流活动，提升香港青年对祖国国情的认识与增强对中华文化的深入了解。

2. 高校层面：提升内地高校对香港学生吸附力

（1）大学文化凝聚核心价值

在现代社会文化交融迅猛的时代里，独具特色的大学文化和大学精神会凝聚每一位师生的母校情怀和增强他们对于母校的归属感和依赖感，以独特的方式共同维系着他们的思想，形成强大的凝聚力，使学校的整体效应得到发挥。

调查数据显示（见表 6），每组标准差在 0.956—1.001 之间，说明每组内部数据波动较小，选项较为集中。以 3 为中间值，列表中的四种大学文化皆大于 3，其中社团文化和校园文化均值达到 3.69 分和 3.81 分，说明香港学生对这两项感兴趣程度很高。因此高校应加强大学文化的建设与宣传，如举办"校园文化设计大赛""我说我校"等有关校园文化建设的活动，宣扬包括办学方针、宗旨和理念、校园文化等在内的大学文化，以特有的学校文化底蕴招引香港学生报考。

表6　对内地高校大学文化的感兴趣程度①

描述统计量					
	N	极小值	极大值	均值	标准差
校园文化	80	1	5	3.69	1.001
社团文化	80	2	5	3.81	.956
第二课堂	80	1	5	3.36	.958
国情国史教育	80	1	5	3.08	.991
有效的 N（列表状态）	80				

（2）科研实力提挈竞争优势

在所有对香港学生的报考意向影响程度中，高校的科研水平影响程度较高，如表7可知对内地高校学术科研的重视程度均值达到3.76。高校在教育经费投入时应注重向科研方面倾斜经费，尤其要注重高水平师资的引进，同时在日常教学中应注重师生科研的引导，如鼓励学生参与"挑战杯""互联网＋""创青春""大学生创新创业大赛"及单项全国大学生竞赛（专业或学术类）等系列赛事，营造科研氛围，提升学术水平。

表7　对报考内地高校各因素的重视程度②

描述统计量					
	N	极小值	极大值	均值	标准差
对内地高校运动比赛的重视程度	80	1	5	3.35	.873
对内地高校文化探究活动的重视程度	80	1	5	3.41	1.015
对内地高校学术科研的重视程度	80	1	5	3.76	1.117
有效的 N（列表状态）	80				

（3）全人教育簇生多元发展

香港著名高校所倡导"全人教育"的通识教育和多元教育理念强调尊重学生的主体地位，把学生的全面发展、潜能的充分发挥和人格的完善作为教育的终极目标。内地高校对于学生的教育培养主要停留在素质教育，

---

① 资料来源：课题组整理。
② 资料来源：课题组整理。

仅有较少高校推行通识教育和博雅教育，与香港高校的"多元发展"教育理念仍存在较大差异。《国家"十三五"规划纲要》（2016—2020 年）明确指出，"中国的大学应该实行通识教育和专业教育相结合的培养制度"[11]，内地高校在今后战略布局中，应学习和借鉴包括香港著名高校在内的世界一流大学的通识教育理念，着眼于学生个体的内在潜能，根据学生个体差异给予充分的引导、激励、唤醒和塑造，使每个学生的潜能得到最大限度的开发，增强香港学生对于内地高校的理念认同[12]。

在教育管理上，为香港学生制定更加明确、专属的制度，避免其在"留学生"与"内地学生"两者政策间混淆，从奖惩贷助体系到后勤管理，从学校的硬件设施到部门设置，都要制定相关的指导性政策；严格内地高校接收香港学生的标准，科学管理确保香港学生的招生质量；通过政策给予内地高校对香港学生管理的自主权，给予其更大的自主发挥空间[13]。此外，政府应该继续加大促进内地与香港高校开展合作办学的力度，例如制定香港副学士学位毕业生升读内地高校衔接学位课程计划。两地青年之间的交流是推动香港与内地关系深入发展最稳定的基石，两地高校相关部门应不断完善和创新内地香港交换生计划，如加大对"万人计划"（内地与香港高校师生交流计划）的投资。

（4）资源优化提升报考意愿

高校物资资源管理的关键要务，就是要遵循经济规律，结合高校办学特色，采取适合高校自身实际的物资配置方法，尽可能优化求学环境及教学配置，力求保障学生在科研、学术、德育等方面的合理物质需求。应动员社会各界力量和校友资源，多渠道筹集教育经费，理顺物资管理体制，设立相应管理机构，建立健全物资管理制度，提高对现阶段必备物质资源的利用率，实现使用效益最大化，严格执行计划审批、购入、验收、支出、登记等程序，引进"有偿使用"管理机制。

（5）社会嵌入消弭群际隔阂

内地高校香港学生视角下的社会嵌入指香港学生到内地高校就学之后将自身发展与社会发展相结合，从而消弭香港学生对于内地的群际隔阂，以点带面，逐步增强其国家认同感和民族认同。因此，内地高校可以尝试推行政治嵌入、文化嵌入和认知嵌入三种模式。在政治嵌入上，高校可协同政府相关部门，采取"登记备案双轨制"等灵活机制，放宽港澳台侨学生在大陆创办社会组织的限制而只实行合理的监督，培育和扶植行业协会、科技文化协会、志愿者组织以及慈善和公益组织等。在文化嵌入上，适时举办校园文化及社团活动、第二课堂活动和国家国情国史教育等活动，促进内地高校文化多元化，如开展港澳台侨学生"大学生素质拓展计划""海上丝绸之路多元文化展"，创新"'根在中国、学在中国、爱在中国、梦在中国'四位一体港澳台侨学生培养体系"，推行"'2＋1'走进工作家庭"（即两个港澳台侨学生走进一个境内学生家庭）"'2＋2'住宿管理模式"（即两个港澳台侨学生与两个境外生合住在一间寝室）"港澳台侨学生导师制""港澳台侨学生学业帮扶计划"等。最后，创造性构建港澳台侨学生思想品德教育体系，组织专业团队编写专门教材，打造一批适应港澳台学生的特色化精品课程。在认知嵌入上，举办香港与内地学生一同参与的座谈会或辩论赛等活动，促进两地文化上的求同存异。通过提高这三个方面的社会嵌入度，由内及外，解决香港学生的社会保障及未来发展需求，使其在就学同时逐步融入祖国，最终消除群际隔阂，增强两地学子相互信任度和融合力。

3. 个人与家庭层面：促凝香港学生融入内地意愿力

（1）找准个人定位主动作为

香港中学生在中学文凭考试时应找准个人定位，主动了解内地高校及香港高校所设专业、招生人数及学历认可等信息，避免因信息不对称、个人定位不准确等原因而错过招生考试。同时应主动了解内地高校招生渠道及招考路径，如"内地部分高校免试招收香港学生计划""港澳台侨联招考试""院校独立招生"等，在课程学习之余关注该方面信息，主动作为为自己找寻最适合的院校及专业。

表8　香港学生入读内地高校本科途径[①]

香港学生入读内地高校本科途径	内地部分高校免试招收香港学生计划		
	港澳台侨联招		
	院校独立招生	学校	入学方式
		北大/清华/复旦	学校推荐入学
		暨大/华大两校联招	考试入学	免试入学
		中山大学	考试入学

已到内地高校就读的香港大学生可注重参与社会实践、志愿服务等类型的公益服务实践活动，诸如"走进中国家庭""侨村侨校·寻根寻美""港澳台侨学生志愿服务活动""远渡重洋"境外生助教活动等，通过参与社会实践活动及青年志愿服务工作，增强香港青年自身的社会责任感及融入内地的意愿力。

（2）走出家庭误区联结情感

调研发现，大部分持反对态度的香港学生家长主要基于两个原因：一是不舍得孩子离开自己而前往内地，并且交通、通讯各方面有诸多不便；二是源于以往固有的内地学生"过于死读书，孩子送去内地读书之后就变得啥都不会了"的习惯性思维。为此，香港学生家长应走出思想误区，正视内地高校如今的迅速发展态势以及两地交互趋势，为自己孩子选择最合适的院校及后续就业发展提供支持，为孩子正确规划未来道路，除了能解决孩子到内地发展的后顾之忧，亦是两辈间加强情感联结的绝佳渠道。

---

① 资料来源：课题组整理。

参考文献

[1] 决胜全面建成小康社会 夺取新时代中国特色社会主义伟大胜利——在中国共产党第十九次全国代表大会上的报告 [N]. 人民日报, 2017 - 10 - 28.

[2] 新华社. 着眼发展大局, 共享时代荣光——以习近平同志为核心的党中央关心粤港澳大湾区建设纪实 [EB/OL]. http: //www. xinhuanet. com//2019 - 02/21/c_ 1124146648. htm, 2019 - 02 - 21.

[3] 青年创研库. 消除港青在粤港澳大湾区发展事业的障碍 [R]. 2019 - 02 - 26.

[4] 李秀珍. 论推拉理论在国际学生流动领域的重构——基于内外因互动的视角 [J]. 洛阳师范学院学报, 2013 (3).

[5] Philip G. Altbach. Comparative higher education: Knowledge, the university and development. Comparative Education Research Centre, the University of Hong Kong, 1998.

[6] Sirowy, L., & Inkeles, A University - level student exchanges: The U. S. role in global perspective. In E. G. Barber (Ed.), Foreign student flows: Their significance for American higher education. New York: Institute of International Education, 1985.

[7] 张文玉. 香港公立高校财政投入机制研究 [J]. 世界教育信息, 2017, 30 (6): 62 - 67.

[8] 悠悠. 在港沪生: 政治离我有多远? [EB/OL]. https: //www. shobserver. com/news/detail? id = 1574, 2014 - 09 - 24.

[9] 曾煜东. 侨资高校文化符号传播探析——以暨南大学为例 [J]. 广东省社会主义学院学报, 2016 (2): 15 - 19.

［10］新华社．中共中央国务院印发《中长期青年发展规划（2016－2025年）》［EB/OL］．http：//www. gov. cn/zhengce/2017－04/13/content_5185555. htm#1，2017－04－13.

［11］姜佳莹，胡鞍钢，鄢一龙．确保实现第一个百年奋斗目标——国家"十三五"规划实施评估（2016－2018）［J/OL］．新疆师范大学学报（哲学社会科学版），2019（4）：1－18［2019－05－11］．https：//doi. org/10. 14100/j. cnki. 65－1039/g4. 20190507. 001.

［12］孙静．以香港城市大学为例浅析香港高校学生事务工作［J］．劳动保障世界（理论版），2013（12）：62－64.

［13］徐庆庆．内地高校港澳台学生管理研究［D］．华东师范大学，2015.

华侨大学　马克思主义学院

"课程思政"理念融入留学生汉语
教学的实践路径探究[①]

——以"初级口语"教学为例

李　欣[②]

摘　要：留学生教育作为中国特色社会主义高等教育体系的重要组成，探索"课程思政"在留学生专业教学中的实践路径具有必要性与可行性。采用案例研究的方法，以留学生"初级口语"教学为例，以华侨大学华文教育专业2019级4班的40名留学生为研究对象，旨在探索在实践层面进行留学生"课程思政"的可能性。研究表明，只要充分挖掘教材的思政教育元素，精心设计融入思政元素的教案，及时评价课程思政的教学效果，就会取得"课程思政"的效果。此外，研究还发现在留学生汉语教学中进行"课程思政"是一项长期而艰巨的系统工程，需要做好多方面的统筹规划。

关键词：课程思政；留学生；汉语教学；口语教学

①　基金项目：中央高校基本科研业务费资助·华侨大学哲学社会科学青年学者成长工程项目"'一带一路'华文教育共同体构建研究"（17SKGC－QG17）。
②　李欣，博士，华侨大学华文教育研究院副教授、硕士生导师，主要研究领域为华文教师研究、华文教育政策研究等。

一、问题的提出

当前，我国高校留学生教育事业正处在扩大规模、优化结构、提质增效的重要阶段，然而，围绕来华留学生的思政教育课程体系、教学标准、实施方案、评估机制等制度配套，无法跟上来华留学事业的发展步伐。许多高校的传统观念是，思政教育的对象不适用于外籍留学生，致使留学生群体成为一处鲜有人问津的"思政飞地"。近年来，随着留学生人数的不断攀升，对留学生与国内生采取"趋同化"管理已经成为必然趋势，许多高校以专业必修或选修课的形式开展了多门有关中国概况、历史文化、道德规范等内容的课程。然而在留学生专业课中如何落实"课程思政"尚未引起足够的重视。留学生教育作为中国特色社会主义高等教育体系的重要组成，探索"课程思政"在留学生专业教学中的实践路径具有重要意义。本研究采用案例研究的方法，以留学生"初级口语"教学为例，以华侨大学华文教育专业 2019 级 4 班的 40 名留学生为课堂研究对象，从教材挖掘、教案设计、教学评价三个方面探索在实践层面进行留学生"课程思政"的可能性。

二、新时期在留学生汉语教学中开展"课程思政"的必要性与可行性

习近平总书记在全国高校思想政治工作会议上指出，要坚持把立德树人作为中心环节，把思想政治工作贯穿教育教学全过程，开创我国高等教育事业发展新局面[1]。《中共中央国务院关于加强和改进新形势下高校思想政治工作的意见》围绕新时代高校"培养什么人""怎样培养人""为谁培养人"的根本问题，全面部署和系统规划了全员、全过程、全方位"三全育人"体系[2]。这要求所有高等学校都必须兼顾思政课程与课程思政，双管齐下，形成协同效应，落实立德树人的初心与使命。

新时期在留学生汉语教学中开展"课程思政"是极为必要的。首先，这有利于推进我国留学生教育内涵式发展，增进留学生对中国的理解认同。来华留学生中学习汉语的学生占大部分，因此，必须在汉语专业课教学中提高政治站位，促进留学生"对中国社会文化、教育理念、外交主张等方面的理解认同，构筑起国家高等教育意识形态领域的安全防线。"[3]其次，还有利于培养"知华友华"的文化使者。所谓"知华"，就是要帮助留学生树立正确的"中国观"，在语言专业课程的教学中以"如盐入水"的方式点滴渗透中国的地理、历史、政治、经济、文化和社会概况，加深他们对中国特色社会主义道路的理解。不但要向他们展示中国辉煌灿烂的优秀传统文化，更要向他们展示改革开放以来中国在政治经济、社会发展方面取得的巨大历史成就，体现我们的道路自信、理论自信、制度自信和文化自信。只有充分"知华"才能真正"友华"。

在留学生汉语教学中开展"课程思政"不但是必要的，而且是可行的。留学生与境内生虽然存在诸多差异，但也具备许多共性。二者之间的差异是学生群体多元性的前提，来自不同人文地理环境、政治经济环境和意识形态的留学生能够与中国的境内生产生思想的交流碰撞，有利于拓展彼此的眼界，增进双方的见识。正所谓"山川异域，风月同天"，不同国家的留学生在探索这个世界的过程中，面临着许多共同的问题，或者说"成长的烦恼"，这包括对世界上不同政治经济制度的困惑、对于全球环境恶化、战乱、饥民、种族歧视、宗教冲突等等问题的关切，对于自身未来发展的迷惑。这些都是我国高校留学生"课程思政"可以深入挖掘的课程资源。

就留学生汉语教育而言，"课程思政"的目标与留学生汉语教育的终极目标和教学目标方向一致。第一，"课程思政"的目标与留学生汉语教育的终极目标一致。无论中外，大学时代都是大学生形成系统的世界观、人生观、价值观的关键时期。习主席指出，为了"满足学生成长发展需求和期待，其他各门课都要守好一段渠、种好责任田"[4]，因此汉语专业课也肩负着引领和塑造留学生正确"三观"的责任，其终极目标是要培养专业扎实、全面发展、知华友华、具有跨文化能力和国际理解能力的语言人才。这与课程思政所提倡的德育目标并无本质区别，二者都是要提高学生的思想水平、道德品质和文化素养。第二，"课程思政"的目标与留学生汉语教学目标一致。汉语教学不但要教会留学生汉语要素（语音、汉字、词汇、语法）的形式与意义，更重要的是教会他们在具体文本、语境和社会文化规约中准确接收和输出汉语信息的能力。这需要留学生对中国社会文化有全面准确的认识，为此，汉语教学不能仅局限于教材的字词句篇，还要将眼光由课堂投向广阔的社会生活。因此，汉语专业课要成为讲好中国故事、传递中国声音和展示中国形象的平台。留学生要能用汉语解决与日常生活密切相关的问题，了解中国社会的热点问题，并能发表自己的见解。

三、"初级口语"课程思政教学的实践路径

（一）充分挖掘教材的思政教育元素

以本人教学所使用的《发展汉语·初级口语（Ⅱ）》（北京语言大学出版社2012年第二版）为例。该教材每一课包含30个左右生词、两篇对话、功能句讲解和课后练习等几部分。编写体系较为严谨，课文均由与学习者密切相关的课堂学习和日常生活场景构成，课文内容注重场景的真实性与语言的实用性，这为思政教育元素的挖掘提供了语料基础。教师们可以根据教材内容提炼每一课的思政主题，将普世的价值观与中国的历史文化、当代中国的国情、风俗习惯、改革开放的成就等相结合，以留学生能接受的方式讲好"中国故事"。

如第1课"我哪儿都没去过"，主要内容为久别重逢的朋友如何问好，

如何请求朋友的帮助，思政主题为中国人的"交友之道"；第 2 课"晚上早点儿睡"，主要内容是建议别人早睡早起，思政主题为中国的"养生文化与作息习惯"；第 3 课"咱们去爬山吧"，主要内容为与别人商量一起爬山，思政主题为不怕困难的"登山文化"；第 4 课"我帮你拿上去吧"，主要内容为主动提出帮助，思政主题为"助人为乐"的美德教育；第 5 课"他是从新加坡来的"，主要内容是介绍中外朋友互相认识，思政主题为"以友为师"的交友之道；第 6 课"这个颜色挺适合你的"，主要内容是如何评价购买的物品或二手物品，思政主题为培养"勤俭节约"的消费习惯；第 7 课"越快越好"，主要内容是学会打电话寄快递，思政主题为中国近年来快速发展的新兴经济；第 8 课"虽然听不懂，但是我喜欢"，主要内容是谈论听京剧的感受，思政主题是学会欣赏不同国家的"文明之美"；第 9 课"我怎么也睡不着"，主要内容是谈论邻居家的噪音导致自己失眠，思政主题是学会建立和睦的邻里关系；第 10 课"地铁比公共汽车快"，主要内容是对不同交通工具的选择，思政主题是中国的地铁网、高铁网等基础设施建设带来的"中国速度"。

口语教材的文本都是以对话的形式体现，知识点分布通常较为零散，需要教师进行重组和建构，必要时还可以补充一些学习资料来突显思政学习主题。笔者通过教学发现，以"如盐入水"的方式将课程思政主题与汉语语言文化教学相结合，并不会让学生们产生反感或抵触心理，反而迎合了留学生渴望深入了解中国历史人文，特别是对当代中国的学习诉求，起到了"春风化雨"般的柔性思政教育效果。

（二）精心设计融入思政元素的教案

课程思政的落实有赖于精心设计的教案，这要求教师要用立德树人的眼光来重审原先的课程大纲，将思政元素融入每节课的教案设计。以《发展汉语·初级口语（Ⅱ）》第 8 课"虽然听不懂，但是我喜欢"为例，其教案设计思路大致如下：

教学目标： 从课文内容出发，在掌握语言要素的基础上，引导学生学会欣赏中国国粹京剧艺术之美，进而了解不同文化、不同文明的戏剧艺术，学会文明互鉴，理解"各美其美，美人之美"的重要价值。

教学步骤：

1. 引入新课：利用图片引入本课话题，激发学生已有关于京剧的认知；

2. 语言点学习：讲授对话中的生词和重点句型"v. ＋得/不＋……"等，并进行操练；

3. 双人对话练习：提出问题，让学生分角色扮演对话，并回答问题；

4. 单人表达练习：提炼对话主线，让学生以汉娜为第一人称复述对话内容；

5. 观看京剧小视频：给学生播放由李胜素、于魁智、迟小秋等京剧名家表演的 2014 央视春晚京剧节目《同光十三绝》，长度为 6 分钟，并让他们谈论自己的感受；听得懂吗？喜欢吗？

6. 小组自由讨论：为什么汉娜听不懂京剧，但是还喜欢？你喜欢京剧的什么？为什么？

7. 总结并布置作业

（1）你们国家有什么戏剧？你喜欢吗？你喜欢它的什么？

（2）你还知道世界上哪些戏剧？请列举 2 个，并说说你对它们的看法。

（3）你认为哪种戏剧最好看？还是认为它们都很好看，都很有特点？

这节课的教学取得了意想不到的积极效果，学生们对于中国京剧的喜爱超出了预期。通过亲身观赏京剧，他们体验到了课文中汉娜所说的"虽然听不懂，但是我喜欢"的全部内涵。课后的作业进一步强化了他们关于文明多样性的认识，在对不同国家戏剧艺术的欣赏中形成跨文化理解能力。

从本课的教案可以看出，在留学生汉语教学中，字、词、句等语言点教学是基础教学，也是教学的第一层级；有关课文内容的讨论互动是延伸教学，是教学的第二层级；对思政主题的引导是关键教学，位于教学层级的顶层。三者有机结合，构成了一个稳定的"金字塔结构"，思政教育位于塔尖部分，为整个教学的内在价值提供行动指引。

（三）及时评价课程思政的教学效果

合理评价教学效果是确保留学生课程思政获得可持续发展的关键一环。然而，相对于语言知识与表达能力的评价，对情感、态度、价值观等非智力因素的评价要复杂得多。因此，教师要进行全方位、多角度的观测。首先，要考察学生对于每节课课程思政主题的认知，以上文中的第8课为例，在复习巩固环节，可以通过展示不同国家戏剧的图片，引导学生用简单的句子表达主题思想，如"每个国家都有自己的戏剧""它们都很有特点""虽然听不懂，但是我喜欢"等等；其次，评价要注重发展性和描述性，评价结果主要运用于教师后续教学的改进和对学生的引导，而非对学生进行终结性的定性判断；第三，评价要注重长期性和真实性。留学生价值观的塑造和养成并非一蹴而就，无论是问卷调查、心理测试或特定情境观察，都难以获悉学生是否真正做到了"表里一致""知行合一"。这需要教师炼就高超的教学机智，在日复一日的课堂教学中、在真实的师生互动、生生互动中，敏感捕捉学生的言语和行为中的真实自我，及时规范引导，做留学生的"心灵捕手"。

四、结语

在留学生汉语教学中实践"课程思政"是一项长期而艰巨的系统工程，需要做好统筹规划。首先，要提高政治站位，强化对留学生"课程思政"工作的认知，使留学生汉语教育工作服务于新时期的国家战略；其次，要加强顶层设计，对留学生课程思政体系进行整体规划，以"立德树人"的理念重新设计留学生汉语课程和教学计划；再次，加强对汉语专业教师"课程思政"能力的培养，以教学培训、观摩研讨、课程建设、课题研究等多途径提升汉语教师的育人能力；最后，建立"协同联动"机制，使汉语教师、思政教师、辅导员、院校领导、职能部门专人、校内外专家学者等各方力量凝心聚力，构建"全员、全过程、全方位"的"育人共同体"。

参考文献

[1] [4] 习近平在全国高校思想政治工作会议上强调：把思想政治工作贯穿教育教学全过程，开创我国高等教育事业发展新局面 [N]．人民日报，2016 - 12 - 09（1）．

[2] 中共中央国务院印发《关于加强和改进新形势下高校思想政治工作的意见》[J]．社会主义论坛，2017（3）：4．

[3] 牛百文．高校来华留学生课程思政建设与实践路径研究 [J]．开封教育学院学报，2019（12）：212．

华侨大学　华文教育研究院

高校思政教育智慧课堂建设与教学研究[①]

赵　威[②]

摘　要： 思想政治教育不仅是受教育者和社会发展的需要，也是教育者自身存在和发展的需要，为了达到教育目标，需要借助各种不同的载体来强化思想政治教育的实效性。随着"互联网＋"和移动技术的发展，运用智能线上教学工具建立起高校思政教育智慧课堂，是提高思政教育效率和效能的有效途径。以"学习通"为例阐明高校思政教育智慧课堂的构建过程，阐述这种教学模式对高校思政工作的促进作用，并对实践中可能产生的问题进行了思考。

关键词： 思政教育；智慧课堂；探究与思考

思想政治教育是"教育者与受教育者根据社会和自身发展的需要，以正确的思想道德为指导，在促进社会和学校智育、体育发展的过程中，不

①　基金项目：2015 年福建省中青年教师教育科研项目《MOOC 视阈下思想政治理论课教学模式创新研究》（批准号 JAS151457）、2017 年华侨大学教师教学发展改革项目《"专题授课＋"——"思想道德修养与法律基础"教学新模式探究》（批准号 17JF－JXGZ01）。

②　赵威，女，1975 年生，满族，黑龙江佳木斯人。华侨大学马克思主义学院副教授，法学博士。

断提高学生思想道德素质和坚持全面发展的过程。"[1]这个科学内涵融合了施加论、转化论、内化论和发展论四种思想政治教育观,强调"思想政治教育不仅是受教育者和社会发展的需要,也是教育者自身存在和发展的需要,受教育者主体性的发挥是思想政治教育价值得以实现的前提。"[2]引导受教育者形成正确的思想和价值观念是思想政治教育的根本目的,为了达到教育目标,需要借助各种不同的载体来强化思想政治教育的实效性,既要继承传统,又要不断优化创新,与时俱进,建立起教育者和受教育者之间最有效的沟通路径。

传统的思想政治载体包括课程载体、活动载体、传媒载体等,这些载体的运用曾经在思想政治教育过程中发挥了重要的作用,但是伴随着"互联网+"时代的到来,移动技术日新月异的变化引发了教育形态的巨大变革,给思政教育带来了极大的挑战,"要运用新媒体新技术使工作活起来,推动思想政治工作传统优势同信息技术高度融合,增强时代感和吸引力。"[3]智慧课堂在思政教育中的重要性越来越凸显。智慧课堂(wisdom classroom)由智慧教育衍生而来,是新一代信息技术"与文化相互交织的浪潮涌向教育领域时"[4]的产物。对于智慧课堂的认识,从不同的视角出发可以得出不同的结论,总体来看人们主要是从两个层面来进行概念的解读:一个是从技术的层面,认为"智慧课堂"就是利用先进的信息技术手段实现课堂教学的信息化、智能化,构建富有智慧的课堂教学环境,这更倾向于将智慧课堂理解为物理环境的智慧教室(smart classroom)的技术应用;另一个是从教育的层面,认为课堂教学不是简单的"知识传授"过程,而是以"智慧"为核心的"聪敏"和"有见解"的综合素质培养与生成的过程,重点在于"开发学生的智慧"(wisdom)[5]。其实,对智慧课堂不同层面的认识是相互关联的,二者是手段和目的的关系,课堂建设的研究和改进归根结底是为了促进学生的智慧发展,在不同的学科领域完全可以实现二者的圆融结合。本文就是从学科建设和思政教育本质的角度探讨高校思政教育智慧建设和教学模式创新的问题。

一、思政教育智慧课堂的内涵和基本特征

"智慧课堂"的理念是基于建构主义教育理论发展起来的。建构主义（constructivism）源于西方国家，也被译作结构主义。建构主义教育理论认为每个人都有自己的认知积累，但认知的结构有所差异，教育是在受教育者原有的认知容量和认知结构的基础上，使受教育者不断丰富、调整认知结构的过程。教育的过程是双向的，教育者不是从外部进行强力的"填灌"，而是引导受教育者自主建构起新的经验和认知。学习的意义在于"每个学习者都在以自己原有的经验系统为基础对新的信息进行编码，建构自己的理解。"[6]同时生成全新的信息。但人们对于智慧课堂的理解更多的是从实践的角度来认识，并将其定位为依据建构主义学习理论，运用"互联网＋"的思维方式和大数据、云计算、物联网等新一代信息技术构建的，支持课前、课中、课后全过程应用的智能、高效的课堂。[7]这个概念可以应用于全部教育领域，而思政教育智慧课堂又有其自身的特点，它是按照相关信息技术条件支撑结合自身的学科属性、教学内容规定而形成的智能、高效的思政教育课堂。其所具有的基本特征应包括以下几个方面：

第一，思政教学以智能信息技术平台为支撑，体现出明显的智能化和数据化的特点。思政教育智慧课堂即在思政教育中引入智慧课堂，从而将思政理论和实践运用智慧课堂的教学方式进行呈现。目前已经开发的思政网络教育平台如雨课堂、中成智慧课堂，都是不错的选择。这些平台对思政资源的开发很成熟，并已经形成系统的思政教育方式和方法，并通过对动态学习数据的收集和挖掘分析，数据化呈现学生学习的整个过程和学习

效果。智慧课堂可以为学习者提供形式多样的媒体资源，比如教学视频、网页、图片、案例、电子文档、语音等，教师在授课的过程中可以根据学生的个性化学习需求和掌握程度，智能化推送学习资料。

第二，教学过程全程无障碍交流互动，体现出明显的高效性特点。运用智慧课堂教育方式，思政教师在授课的过程中，可以和学生之间实现更加灵活和生动的交流互动和全时空的不间断沟通。教师随时推送与课程有关的问题，学生即时回答，教师马上调整自己的教学进度和教学内容，实时控制课堂教学进程，这样可以充分提高教师课堂授课的效率。学生学习的时间不仅限于教师课堂授课时间，在课外的线上交流和互动也更有利于解除学生的思想困惑，更好地实现思政教育的目标。

第三，多元化的教与学即时评价体系的建立，体现出思政教育科学性的特点。智慧课堂可以生成动态、即时的多元化教学评价体系，这是任何其他传统授课方式都无法比拟的强大优势。思政教育智慧课堂的评价体系包括两个方面：教师教学效果评价和学生学习过程评价，这些都可以通过大数据和云计算技术，在课前、课中和课后形成即时准确的评价系统。思政教育的评价体系是有针对性地进行思政教育的基础和起点，只有评价是科学的，教师才能更好地引导学生的学习活动，同时改进自己的教学策略。

二、思政教育智慧课堂的基本原则

智慧课堂是提高思政教育效率和效能的有效途径，但随着互联网技术的飞速发展，在网络和电子设备已经成为学生生活和学习习惯的情况下，思政教师要记住思政教育的特殊使命，牢牢把握思政教育的本质和基本内涵，在面对错综复杂的网络环境和教育环境时，坚守思政教师的本色，弘扬主旋律，更好地实现思政教育的育人功能。那么在思政教育智慧课堂教学方式的实施过程中，就必须遵循以下几个原则：

1. 思想性和方向性原则

这是思政智慧课堂建设最重要的原则，智慧课堂是思政教育的教学方式和教学手段，而最根本的教育和教学目标要与党和国家的纲领相一致，要有明确的社会主义和共产主义方向。和高校其他学科相比，思政教育的特殊性在于它是一门指导学生形成正确思想和行为的学科，目标性非常清晰。习近平总书记在全国高校思政工作会议上明确提出："高校思想政治工作关系高校培养什么样的人、如何培养人以及为谁培养人这个根本问题。要坚持把立德树人作为中心环节，把思想政治工作贯穿教育教学全过程。"高校思政工作"要坚持不懈传播马克思主义科学理论""培育和弘扬社会主义核心价值观"，所以对思政教育评价标准包含两个方面："一是政治方向，即是否引导和帮助学生树立马克思主义的世界观、人生观、价值观，坚持正确的政治方向。二是理论思维，即能否培养学生形成以马克思主义为指导的科学的理论思维，在生活实践中能够将理论联系实际，科学分析和解决自己遇到的实际问题，将理论体系转化为自己的认知体系。"[8]在选择了优质的智慧课堂思政软件后，学生对基本知识点的掌握是通过在线课程学习完成的，在线课程时间分配合理，重点突出，更有利于学生对知识点的把握，其中当然已经包含了一定的理论性和思想性，但教师的课堂授课还要强调这一点，在整个教学设计中都要贯穿马克思主义世界观和方法论，引导学生牢固树立起中国特色社会主义共同理想。

2. 灌输性和启发性原则

习近平总书记提出思想政治理论课改革创新要坚持"八个相统一"，其中，"要坚持灌输性和启发性相统一，注重启发性教育，引导学生发现问题、分析问题、思考问题，在不断启发中让学生水到渠成得出结论"，灌输性和启发性是"八个相统一"中的重要内容之一，在思政教育智慧课堂建设中同样也是重要的原则。灌输性是思想政治教育的本质属性，在思政教育智慧课堂的教学内容和教学设计上要强调对受教育者进行正面系统的理论传授，用马克思主义理论武装其头脑。同时要注意运用各种智慧课堂的教学手段和教学工具，启发和引导学生主动学习和积极思考，自觉自主地做出判断，形成思想政治素质的自主建构过程。随着大众传媒和网络空间的发展，信息量空前提高，思政教育者要注意从海量的信息中进行教学素材的选取，形成智慧课堂的阅读素材，提高思政教育的时效性，随时解答受教育者的思想困惑，启发学生运用正确的思想立场形成理性判断。

3. 人本性和主体性原则

人本主义教学理论认为，人是基于自己的本性才能成为什么的，也就是说人会基于自我实现的需要而对知识进行自发的、有目的性的选择。同样，学习的过程应该是学生根据自身兴趣和需要自觉进行的"有意义学习"。"思想政治教育就是做人的工作，人是思想政治教育的中心、出发点和基础，也是思想政治教育的目的、归宿和根本。"[9] 所以，思政教育智慧课堂的设计一定要以人为目的，教育人、塑造人、解放人，要发掘以学生的智慧生成和思考能力提升的教学目的观。另外思想政治教育的根本目的是提高认识世界改造世界的能力，要经过受教育者从实践到认识再到实践的循环往复才能实现。要做好这项工作就必须充分发挥受教育者的主观能动性，尊重他们的主体地位，实现思政教育的目标行为准则。随着移动技术和服务的发展，微信和 QQ 已经是"90 后"大学生人际交往的主要手段，而 70% 以上的人全天 24 小时保持手机 QQ 在线[10]。另一项调查数据指出：大学生上课玩手机的比例一般在 65% 左右，而学生在思政理论课课堂玩手机的比例接近 80%[11]。和网络、手机争夺学生成为高校思政教育要解决的大问题，这已经成为一种共识。要正本清源、增强思政课对学生的吸引力，就是要以学生为中心，关注学生的总体需求和个体差异，提高思政教育内容与学生个体的联系性。思政教育智慧课堂是一种有效途径。通过线上和线下相结合，实现认知和情感的沟通，激励学生主动参与课堂学习，消减网络信息的思想干扰，构建更为科学化和人性化的思政课堂。

4. 实践性原则

理论学习只有和实际紧密联系才会生动而具体，思政教育最重要的环节就是引导学生通过理论学习掌握运用于实践的能力，其教学过程和教学目标中都带有明确的实践性要求。高校对思政教学模式进行积极的探索和改革，都在力图建立理论教学、实践教学和网络教学的一体化教学模式。从教育者的角度出发进行理论教学，重点在于将知识的重点和难点通过讲授和在线学习的方式灌输给学生，完成思政课程的知识性学习，从而建构起学生的思政认知体系。而实践教学是理论教学的扩展，要求学生通过对理论的消化和吸收，将思政教育要求的认知能力内化为自身素质和自觉信仰。思政教育智慧课堂建设要包含实践环节，一方面教师要组织学生参与课内外、校内外的社会实践过程，让学生在实践中更加深刻地领悟理论知识，促进理论知识转化为思想与实践成果，提升运用理论知识解决具体问题的能力。另一方面网络教学是理论教学与实践教学的沟通纽带，同时连接了思政教育的教学和实践环节两端。教师在课前的网络辅导和课后的网络作业、网络答疑中可以布置理论和实践问题，通过与学生的网络互动，了解学生对理论知识的掌握程度和在实际中的应用效果。思政教育归根结底是要解决实践的问题，要实现个人的思想和行为从外化到内化再到外化的升华，实践才是检验思政教育效果的科学标准。

三、思政教育智慧课堂的建设过程——以"学习通"为例

"思政教育智慧课堂"基于"智慧教育"的理念和新技术的支持产生，

是时代发展的产物。目前很多高校致力于开发思政教育的智能线上教学工具，本文就以"学习通"为例分析思政教育智慧课堂的构建过程。

"学习通"是超星平台开发的，基于微服务架构打造的课程学习，并提供免费使用的智慧教学工具，旨在连接师生的智能终端，将课前一课上一课后的每一个环节都赋予全新的体验，最大限度地释放教与学的能量，推动教学改革。因其使用的便捷性以及高效性，在高校思政教育中使用范围很广泛。"学习通"的安装使用十分便捷，只需要教师和学生在手机客户终端安装相关程序，教师就可以创建课程和班级，告知学生加入班级就可以进行正常的教学和实践了。总体来说，运用"学习通"进行智慧教学的过程可以分为课前、课中和课后三个环节，每一环节都具有同等的重要性。

（一）课前环节——教师安排教学资源

在课前环节，教师首先要在平台上创建授课班级，班级创建好以后，教师需要对学生的基本情况进行分析，根据教材和授课进度准备课件，并对课件进行转换（将其转换成可以随时推送到班级的微课课件），结合视频资料（可以网络搜索，可以自行制作），一起推送到班级群中，供学生对课程进行自主学习，系统会根据学生在线学习进度和学习时间进行自动评分。教师在课前环节还可以安排课前预测习题和学生提问，课前预测习题可以检验学生学习的自主性，而学生提问可以被作为课中需要解决的重点难点问题的依据，教师根据课前环节所有的反馈信息进行下一步的教学设计。课前环节似乎是一些教学准备工作，但这个环节对于整个思政智慧课堂的建设具有十分重要的基础作用。不同高校不同专业学生的思想政治理论基础实际上具有很大差异性，不能不加区别统一对待，要充分考虑到学生的整体状况，设计合理的教学目标和教学内容。关于理论知识的讲授，有一些公认的教学名师的 MOOC 课程当然可以选择，但是也要根据学生的理解和接受能力进行调整，最好的方式就是将网络 MOOC 课程与教师的个人风格相结合，有针对性地安排教学资源。

（二）课中环节——课堂实施与知识拓展

在课中环节，所有学生和教师进入班级，开启课堂授课。毕竟课前的自主预习环节是由学生按照自己的思维方式和理解能力进行学习的，且由于时间限制，对于重大理论问题也没有办法进行深入讲解，只能安排课程大纲所要求的基本知识点，在这种情况下对于思政理论问题的进一步深化研究和讨论就要在课堂上完成。这一环节对教师的理论水平和课堂掌控能力有很高的要求，如果教师本身理论功底不够深厚，应变能力和教学方法不够成熟，那么在这一环节就很容易出问题。因为思政智慧课堂的教学方式不同于任何传统的教学方式，教育主体和教育对象完全在平等、公开、透明的环境下进行互动和交流，而且教师要根据课堂的实时情况随机推送小问题和小测试，以检验学生的掌握程度，对答题情况进行评价。通过"弹幕"功能学生也可以随时向教师提问与课程相关的理论和实践问题，由教师进行解答，这些信息都会在数字终端即时显示给所有人，以供大家相互交流和课堂讨论。使用"学习通"智慧教学工具进行授课可以吸引几乎全部学生的关注和参与热情，使课堂气氛活跃，但实际上也增加了教师的授课难度。此外，教师还要把握课程的节奏和方向，既要完成既定思政教育的目标和教学任务，同时要避免课堂讨论的"娱乐化"倾向，保证课堂讨论问题的思想性、方向性和严肃性。

（三）课后环节——教学效果检验与调适

思政教育要通过学生对理论的内化以提高自身思考能力和实践能力来

实现教学目的，教学效果如何当然要从理论和实践两个方面进行检验。在运用"学习通"的思政智慧课堂中，教师要通过平台布置课后作业和习题，来检验学生对理论知识的整体掌握程度，还可以通过与学生的个别交流，通过个性化指导来解除学生的思想困惑。思政教学的实践效果要通过模拟社会现象的真实情境，要求学生做出思想判断和行为反应，并将各种判断与行为反应推送到班级群中展开充分讨论，从而达成与社会主流价值观相符的共识，以引导学生的实践行为。思政教育智慧课堂的教学实践（以"学习通"为例）实施到这个阶段基本上已经全部结束，但作为思政教育智慧课堂的教育主体——教师，还需要对包括课前、课中和课后的整个教学过程进行回顾与总结，完善教学设计，优化教学方案，充实教学方法。

四、思政教育智慧课堂——"学习通"应用案例演示

华侨大学马克思主义学院于 2018 年 9 月开始在"马克思主义基本原理概论"课程中应用超星"学习通"进行教学改革和智慧课堂建设。在课程内容的建设上，按照教育部对高校思政课的要求，根据教材的内容体系拆分知识点，形成 68 个相对独立的教学单元，每个教学单元由教学视频、拓展阅读、讨论、章节测验 4 个环节构成。以知识点（重点、难点、疑点）为核心，以提出问题、分析问题、解决问题为线索，构建每个教学单元，呈现教学单元的知识图谱，以及各个教学单元之间的内在逻辑，力求达到教学内容和结构完整。教学视频由学院教师自己录制，每个单元的教学视频平均时长 10 分钟，总时长 700 分钟。每个单元的讨论题，由教师根据单元知识点和拓展阅读材料的内容设置，并和学生的专业特点相结合设定，力求在学生掌握基本知识点的基础上进行深入思考，解决学习和生活中的思想困惑。提高运用马克思主义基本原则、立场、观点和方法解决实际问

题的能力。章节测验题目要囊括重要的知识点，通过测验掌握学生的学习情况，以进行教学内容和教学重点的调整。每一位教师在平台上创建自然班，在学生全部加入后，就可以按照教学进度实践智慧课堂教学模式。包括三个主要环节：

（一）线上自主学习

线上自主学习是保障课堂教学质量的基础条件，以在线师生互动形式开展，要求师生积极参与。

对学生的要求：完成学习任务——在线学习视频教学；做好学习笔记，归纳单元知识点，绘制成学习导图；完成每周教师发布的讨论题；完成每个单元的章节测验题。

对教师的要求：鼓励、督促学生线上自主学习；重视师生互动交流；课前指导，建立学生研修小组；课后辅导，在线评价，总结反思。学生学习任务的设置清晰明了，按教学目的和要求、视频教学、拓展阅读、讨论、章节测验的顺序设置，学生在依次完成各个环节的任务后，进入下一个教学单元的学习。

（二）线下课堂教学

线下课堂教学是检验、巩固、转化学生线上所学知识的重要环节。

课堂教学：教师设计课堂教学内容，根据教材和在平台上搜集到的学生对知识点的掌握程度确定课堂讲授的主题，选择多种教学方式导入，对教材的重点和难点进行深入解读。教师讲解的过程中注意与学生的互动，利用"学习通"平台的投屏和抢答等功能随时发送问题，教师可以指定学生回答也可以让学生抢答，以了解学生对问题的认识水平，并作为学生分组研讨的依据。

分组讨论：在平台上对学生随机组合，分成讨论小组，教师根据课程重点难点设定讨论主题，学生线下课堂讨论并形成结论，进行汇报总结（成果展示）。在汇报总结环节，必不可少的内容之一，是让学生用手写出单元知识点的思维导图。

课堂小结：对本次课程的教学内容、课堂教学情况作一小结，同时布置学生线上自主学习的新任务。

（三）教学总结与调整

经过线上与线下的教学与学习环节，课程任务还没有完全结束。在学生进入新的自主学习任务的同时，教师要对整体的教学情况进行总结，检验教学任务是否完成，教育目标是否达到，教学效果是否满意（教师和学生两方面），以随时调整教学方法和教学内容，完善思想政治智慧课堂的建设。

经过智慧课堂建设和教学改革探索，"马克思主义基本原理概论"课程中教师综合运用多种教学方法开展教学，运用"学习通""投屏"等新媒体技术，不断增强教学的互动性、参与性、生动性，增强了课堂教学的时代感和吸引力，使课堂教学"活"起来。在课堂教学中营造学生独立思考、自主探索、勇于创新的良好氛围，学生思维积极，课堂学术气氛活跃。解决了思政课堂沉闷、学生积极性不高的问题。80%学生的章节测验（作业）、讨论和回答问题的质量较高，真正做到了思政教育入脑入心，较好地完成了思政教育目标和教学任务。实践证明智慧课堂是有效的思政教育方式。

五、结语

智慧课堂是提高高校思政教育的实效性、增强思政课程趣味性和吸引力、激发学生学习积极性的有效方法，但在进行思政智慧课堂教学中，一些问题也应该引起足够的重视。首先，采用智慧课堂教学模式进行思政教育，如果过度强调学生的自主性和独立地位，而忽视了教师主体性的充分发挥，就容易造成教师在课堂上的无所作为，损害了教师的教学权威和学生对所学内容的吸收和内化。思政教育智慧课堂的主要目的不是为了减轻教师的教学负担和同手机争夺学生，它实际上对思政教师的学术水平和整体的课堂协调掌握能力提出了更高的要求。在思政教育中，教育者的教学目的十分明确，教学效果都要通过学生思想和行为的内化来体现，教师要有足够的思想准备和学术储备，做好课前、课中、课后每一个环节的工作，才能真正发挥思政教育智慧课堂的优势，提高学生的思想认识水平和政治觉悟。还有一个问题是，网络和移动技术本来是为了方便人们的生活的，可是现在很多高校都在运用各种手机软件进行学校教学和学生管理工作，有的学生戏称被"App"捆绑，造成了学生的厌倦心态和疲于应付。面对这种新情况，思政教育智慧课堂要更好地打造课程平台，形成规范化和系统化的教育体系，明确学生的学习任务，激发学生的学习热情，使思政教育"入脑入心"，这才是思政教学改革的真正意义和价值所在。

从高校思政课"05方案"实施以来，各高校都在深入展开对思政教育模式和教学方法的探索，多元式立体教学、专题教学模式、思政MOOC和微课等教学方法的创新也一直在不断地进行。思政教育不能千篇一律，要根据学生的特点和认知能力，选择不同的思政教育模式，这是毋庸置疑的，但是随着新技术的发展和推广，智慧教育已经成为全球教育领域的新潮流。"十三五"期间，我国要在教育信息化的"深化"上做文章，也就是要大力促进教育信息化的实际应用，"智慧课堂"是"智慧教育"实践的产物，在思政教育中采用"智慧课堂"的教学方式也是一种必然趋势。

面对新事物新挑战，逃避和忽视都不是正确的行为方式，只有积极应对，大胆改革，不断改进思政教育智慧课堂的教学设计与应用，才能促进传统的思政课堂向"智能化、信息化"方向发展，实现思政教育模式的创新与优化。

参考文献

［1］郑永廷，张彦．德育发展研究——面向 20 世纪中国高校德育探索［M］．北京：人民出版社，2006：8 - 9.

［2］黎杰．思想政治教育概念的演变［N］．山西青年报，2015 - 9 - 13.

［3］习近平．在全国高校思想政治工作会议上的讲话［N］．人民日报，2016 - 12 - 9.

［4］祝智庭．智慧教育新发展：从翻转课堂到智慧课堂及智慧学习空间［J］．开放教育研究，2016，22（1）：18 - 26.

［5］刘邦奇．"互联网 +"时代智慧课堂教学设计与实施策略研究［J］．中国电化教育，2016（10）：51 - 56.

［6］陈琦，张建伟．建构主义学习观要义评析［J］．华东师范大学学报，1998（1）：61 - 68.

［7］孙曙辉，刘邦奇，李新义．大数据时代智慧课堂的构建与应用［J］．中国信息技术教育，2015（7）：112 - 114.

［8］杨颀晟．高校思想政治理论课教学引入"慕课"的思考［J］．文教资料，2017（19）：202 - 203.

［9］陈少岚．论思想政治教育中的以人为本［J］．三峡大学学报（人文社会科学版），2005（1）：5 - 11.

［10］胡飒．移动式学习：提升高校思想政治理论课实效性的新途径［J］．思想理论教育，2013（23）：53－56．

［11］夏领婕．当代大学生使用手机的现状及影响——以武汉两所高校为例［D］．武汉：华中科技大学，2013：27－32．

华侨大学　马克思主义学院

新媒体平台下辅导员开展大学生思想政治教育研究①

——以"微博""微信""微视频"为例

霍　琰

摘　要： 科学技术的飞速发展与交流方式的日趋变化，改变了人们的生活方式和思想观念，同时也对当代高校教育形式与载体提出新的要求，以便更好地开展大学生思想政治教育。围绕新媒体平台下大学生思想政治教育进行研究，首先，以"微博""微信""微视频"三种平台来分析当前高校思想政治教育的新特点；其次，分析三种新媒体平台下对辅导员思想政治教育的影响及带来的挑战；最后，依据对"微博""微信""微视频"等平台形式的探索，提出高校教师尤其是辅导员队伍开展大学生思想政治教育的创新策略。

关键词： 微博；微信；微视频；辅导员；思想政治教育

①　基金项目：华侨大学 2018 校基金项目"高校'微博''微信''微视频'三微平台下的大学生思想政治教育研究"（编号：2018HJY19）。

一、新媒体平台下高校思想政治教育的新特点

1. 传播信息碎片化

微博、微信、微视频都是随时随地即刻发布的传播载体，人们通过这些媒体平台分秒可见大千世界的海量讯息，不再拘泥于固定的场所与时间。每个人都是新媒体平台下的观众，每个人也都是导演。"三微"新媒体使得时间与空间呈现"碎片化"的特点。在高校中，教师与学生通过"碎片化"传播模式获得信息，也通过微信群、微博好友圈、"抖音"微视频等发布信息资源。相比于让学生在固定场所与时间获得一个活动通知、知识信息，学生更加喜欢碎片化的信息传播方式。高校辅导员可以利用这些特点改进高校思想政治教育传播方式与方法。

2. 扩散方式"裂变化"

三种新媒体都有一个重要的传播特性，就是公众的平台与个人的平台相互影响，是一个统一整体。讯息的发布者作为"意见领袖"通过平台把自己想传递的信息发布出去，同时发布的信息会被认同者广泛传播，所以信息会以"裂变"的方式进行扩散，形成海量讯息。"微信""微博"中出现的热门文章与热点消息，很快在不同群体中转发传播。传播方式不仅是人与人之间的单线传播，裂变成人与不同组群、组群与组群之间的多线传播[1]。高校辅导员很容易成为学生中的"意见领袖"，在不同的媒介平台传播讯息，使得学生产生较高认同感，进而实现讯息"裂变"。

3. 沟通地位平等化

三种新媒体能够最真实反映出大学生的日常生活情况，传达出他们的思想动态和价值观念。大学生在三种平台上发布讯息，传递观点，沟通交流。高校辅导员同样也是三种媒介平台的高频率使用者和传播者，无论是工作和

日常生活中的讯息接收与传播，辅导员与学生之间通过三种媒介平台都能营造出一种较为平等的氛围，能以更加真实、平等的状态沟通交流，同时也更有利于讯息的传播与接收。

二、新媒体平台下对辅导员思想政治教育的影响

1. 新媒体平台下信息传播方式改变了传统教育的可控性

可控性强是传统思想政治教育较为突出的特征。传统的教育通常是在固定的时间、场所展开。可以通过感化教育以及课堂教学等方式及时掌握学生的心理动态，进而使得学生的思想行为发生改变。"三微"新媒体的环境下，使得高校教师尤其是辅导员无法第一时间掌握学生真实心理状态，也无法确定思想政治教育效果是否入脑入心。"三微"新媒体信息传播的大众性与开放性，使教育主体已经无法全面掌控大学生。

2. 新媒体平台下信息传播特点弱化了辅导员"把关人"的作用

高校辅导员在思想政治教育信息的传播过程当中起着"信息把关"的重要作用，在大学生思政教育中充当着"把关人"的角色。"把关人"基于自己的"预存立场"，把握自己的意见、兴趣、经验以及现今实施的政策和道德法律规范等，对于思想政治教育信息，采取疏导或者抑制的策略都是可以的。在抑制的作用下，一部分不科学的信息就无法再跻身于思想政治教育传播渠道之中；在疏导的作用力下，能够顺利进入思想政治教育传播渠道中的信息只能是正确科学的。然而"三微"新媒体环境中，隐藏在其中的人生观、世界观、价值观未必都是积极向上的，作为"把关人"的辅导员无法全面过滤掉负面的信息，这大大提升了高校开展思想政治教育工作的难度。

3. 新媒体平台下对辅导员综合素质提出挑战

一名合格的高校思想政治教育工作者应该一方面能够通过新媒体平台

及时掌握学生的思想动态，另一方面要能够迅速占领"三微"新媒体阵地，对社会热点事件能够了解并要有自己的见解。要有敏锐的信息捕捉能力、判断力、洞察力等综合素质。从而能够对大学生思想与日常生活给予疏导与帮助。但是，从现如今辅导员队伍建设的状况来看，高校辅导员身兼数职，无暇顾及自身素质的培养和提高，普遍存在思想观念落后、创新能力不强等问题，大多数也不是思想政治教育专业出身，对于现代网络技术的掌握也存在着漏洞[2]。

三、新媒体平台下辅导员思想政治教育的对策

（一）建设思想政治教育"微载体"，创新思想政治教育机制

1. 加强以"微博""微信"为主的网络互动

利用微博、微信等建立思想政治教育工作移动平台，运用移动互联网，即刻、即时传播、分享活动讯息与理论知识，使得高校辅导员与学生线上线下一起参与、传播、学习，增强思想政治教育工作时效性。同时辅导员要主动加入到学生群体中，对热点话题积极反应，并按照本身的真正想法对学生的微博、微信进行评论，而不要做一名"冷眼旁观者"，要及时回复学生在自己微博上的评论。通过他们发布的信息及内容，有针对性地开展思想政治教育。让学生能及时感受到辅导员对自己的爱护与关心。

2. 加强以"微视频"为主的文化传播形式

极具画面感的微视频能快速吸引到大学生的注意，符合他们的心理状态与个性追求。可以将微视频作为一种教育模式与载体，通过动态影音的有趣形式对大学生进行思想政治教育，让学生有一种亲切感。同时，学生可以冲破时间与空间的障碍，随时随地观看微视频。这种全面渗透的传播方式，使

得思想教育工作卓有成效。例如：辅导员可以用微视频动画向大学生播放最新的政治报告、时政要点，也可以录制一段主题班会供学生观看分享；此外，可以实时记录一次大学生志愿服务活动，传播正能量。很多高校已经开始通过微视频的方式开授"微课"。"微课"即微型视频网络课程，通过微型的教学视频来讲解相关的知识技能点或教授步骤，在此基础上研发的一种情景化、支持多种学习方法的在线视频课程资源。加强对微视频的利用，实现师生之间的双向良性互动，借助微视频强大的生命力，使思想政治教育与视频传播在网络时空相结合，为思想政治教育的发展注入新的活力[3]。

（二）加强辅导员队伍建设，革新教育观念

1. 转变思想观念，提升媒介素养

"三微"新媒体环境下，辅导员要具备的一个很重要的素质就是媒介素养。媒介素养指的是：第一，了解基础的媒介知识以及如何使用媒介；第二，学习判断媒介信息的意义和价值；第三，学习创造和传播信息的知识与技巧；第四，了解如何使用大众传媒发展自己[4]。媒介素养不仅包括接受媒介产品的能力，而且包括用独立的、批判的眼光看传播媒介的内容和建设性地利用媒介的能力[5]。首先，要不断强化对新媒介功能重要性的意识。辅导员要认识到在新媒体环境下，如果不紧跟互联网的步伐，对于更新换代很快的新媒介不主动学习，对层出不穷的媒介信息掌握存在滞后性，将会产生与学生的沟通交流障碍，因此也不利于对大学生进行正确的思想教育引导。其次，要具备主动学习新媒介知识的能力。例如，现代产生很多网络语言，高校教师尤其是辅导员要首先知道这些网络语言的涵义，知晓这些"微语言"放置于特定语境中所具有的真实意义，才能捕捉到学生的内心世界，从而利用媒介引导学生树立正确的人生观、世界观、价值观。此外，面对推陈出新的新媒介，比如："抖音""快手""网红"文化、新型 App 等，要去接触并

熟练掌握运用，让学生对辅导员产生"信服心理"。同时，可以邀请新媒体专业人士开设讲座提升辅导员媒介素养。可以对辅导员的媒介素养进行统一规划，制定出培训安排、内容设计等具体实施步骤[6]。

2. 强化信息整合能力，创新思想政治教育模式

面对纷繁复杂的信息，高校辅导员不仅要具备良好的道德素养、丰富的知识素养、能与学生共情的心理素养等，更要具备较高的信息筛选和整合能力。例如，要能及时甄别出大学生关注的热点、焦点话题。通过搜集大量的理论材料，进行合理的信息整合，确立话题，制定讨论内容等。此外，创新辅导员思想教育新形式，充分挖掘教育资源，打造实践平台，实现理论和实践的双重指导。例如，创建形式丰富的活动平台，利用高校自己的校园网、电子阅览室、报纸期刊等多种校园媒体，烘托校园文化氛围。此外，还要做好实践场所、媒体设备等硬件方面的保障。从而逐渐探索出一条大学生思政教育的新路径，构建契合当代大学生成长规律的教育模式，传播校园文化正能量[7]。

3. 培养学生干部中的"意见领袖"，发挥"传帮带"作用

学生干部是大学生中的重要群体与中坚力量，是教师与学生之间的桥梁。不仅上传下达信息，他们的言行也具有舆论导向作用。学生干部中具有较高认可度的学生往往还充当着"意见领袖"的角色。意见领袖是传播中的重要角色，具有影响他人态度的能力，有很强的引导力。所以，要充分发挥这一优势，把积极向上的言论引导成为主流意见。辅导员可以通过新媒体关注学生干部的思想活动。例如经常性地举办贴近学生干部实际生活的政治理论学习，辅导员可以建立微信群、QQ 群、在微博@学生干部，通过转发思政教育等方面的视频、图片来吸引学生干部有意识、有兴趣地去学习。同时将学校、教师的"官方"语言在微博、微信等平台中转变为

可被大学生接受的方式，从学生的角度出发进行引导，以使学生们更容易接受学校的教育内容。此外，辅导员还要善于发现那些被"关注"率高、"粉丝"众多、有一定见解的学生博主。他们也是学生群体中的意见领袖，辅导员要主动和这些博主沟通，运用各种方法，无论是在网络中还是现实里都要有很好的交流，帮助他们树立正确的思想观念，并且影响其周围的同学，使其更好地把自我教育与群体教育联系在一起。

参考文献

［1］安舒怡."微时代"的大学生思想政治教育研究［D］．天津：天津理工大学，2015：32.

［2］张德宜．"微时代"辅导员思政教育工作的挑战及应对策略［J］．宝鸡文理学院学报（社会科学版），2015（3）：33.

［3］宫淑红，张洁．媒介素养教育理论与实践［M］．济南：山东人民出版社，2010：12.

［4］席韩花．论当代大学生网络媒介素养的培育——以镇江高校为例［D］．江苏大学硕士论文，2016：6.

［5］周少四．大学生媒介素养教育初探［J］．环球市场信息导报，2011（4）：4.

［6］郝珺．微信对高校思想政治教育的影响及应对［J］．唯实，2011（11）：52.

［7］黄发芳．网络对高校思想政治教育的影响及对策研究［D］．武汉：华中师范大学，2003：5.

华侨大学　党委组织部

论大众传媒时代高校教师的角色转型^①

——从"知识立法者"到"知识阐释者"

黄文虎

摘　要：在大众传媒时代，高校教师作为权威化的"知识立法者"的垄断地位正在被消解，取而代之的是"去精英化"的知识阐释者。所谓"知识阐释者"，至少具有三重人格。第一重人格是以"启发与反思"为导向的"知识助产师"。第二重人格是以"刺激与反馈"为导向的"知识服务者"。第三重人格是以"跨界与整合"为导向的"知识游牧民"。在信息碎片化时代，反思高校教师作为"知识阐释者"这一新的角色定位，对于应对信息爆炸对传统教学关系所带来的严峻挑战具有十分重要的理论价值和现实意义。

关键词：知识阐释者；知识助产师；知识服务者；知识游牧民；

一、"知识把关人"的衰落

大众传媒时代最重要的特质之一在于打破了"把关人"所掌控的"渠

① 基金项目：华侨大学高层次人才科研启动项目（项目编号：13SKBS222）。

道垄断"。尽管精英主义话语仍然在主流媒体和社交媒体中发挥着不可忽视的引导功能，但其权威性已被大大削弱。因此，高校教师作为体制化的专业知识分子，其"把关人"的传统角色实际上已经遭到严重威胁。那么，逐渐失去知识权威光环的高校教师在教学过程中应该担任何种角色呢？

我们可以借鉴"知识阐释者"这一概念来分析大众传媒时代高校教师的角色转型。英国思想家齐格蒙·鲍曼在《立法者与阐释者：论现代性、后现代性与知识分子》一书中，区分了"知识立法者"与"知识阐释者"这两种类型的知识分子人格[1]。概括而言，"知识立法者"代表了现代性观念之下的精英主义知识分子话语，象征着对社会主导性知识和"普遍真理"的垄断权和控制权，这一角色类似于"知识把关人"。而"知识阐释者"则是后现代多元主义社会中负责"协调"与"辅助"不同社群之间实现交流与沟通的"知识中介"，它是流动性的人格体，而不再是权威性、单一化的知识仲裁者。

具体来看，在新媒体语境之下，结合高校教师普遍面临的身份危机与亟待正视的角色转型，我们可以赋予"知识阐释者"三层特殊的功能，分别是知识助产师、知识服务者与知识游牧民。

二、知识助产师：启发与反思

随着工业化时代的大众教育的兴起，一种以标准化和均质化为核心的教育理念逐渐被社会主流接受。与此相匹配的是以教师为中心的"灌输式"教学模式开始成为"理所当然"的正统教学方式。其消极后果在于，机械化思维下的教学模式几乎彻底摧毁了"对话式教育"的探索精神，而让学校蜕变成为知识生产的流水线车间，批量"驯化"出中规中矩、缺乏个性的"知识产品"。

从传播学来看，工业化教育体系的"灌输式"教学模式类似于一种撒播式的传教。美国学者约翰·杜翰姆·彼得斯在《对空言说：传播的观念史》一书中曾探讨人类最为基本的两种传播方式，一种是对话，另一种是撒播。对话的典型是苏格拉底的"启发式教育法"，它强调通过对话与问答来培养学生的问题意识与批判精神。苏格拉底如同"精神助产士"，在反复摩擦与切磋之中不经意间就将智慧之果从蒙昧的黑洞中缓缓引出[2]。这种"问答法"在《论语》中也同样体现得淋漓尽致。二者都强调知识的启发，而不是知识的灌输。

关于撒播，彼得斯在书中阐述了基督教的"播种者寓言"[3]。"播种者寓言"强调的是播种者把信息"无差别"地传达给受众，就像是播种，但由于传者与受者之间缺乏有效互动，所以撒播出的很多种子或许根本不会发芽或成长，因而撒播的传播效果值得怀疑。

从传播与接受的关系来看，撒播是以传者为中心，而无法照顾到每一个受众对信息的真实感知与所能接受和理解的程度。不可否认，对于每一位学生而言，这种"灌输式"教学都是平等的"撒播"，然而正是这种名义上的"无差别"，从根本上违背了"有教无类"与"因材施教"的教育理念。

因此，现代教学中应对这种工业化教育体系所统摄的"灌输式"与"撒播式"教学进行反省，并重新复归以受众为中心的"对话精神"。在教学过程中，师生之间的对话意味着平等、自由的交流和互动。大学课堂上，若要打造真实的"对话情景"，高校教师必须先放下高高在上的"立法者"的权威姿态，像苏格拉底和孔子一样谦逊，却又时刻保持"助产士"所独有的敏锐和洞察，在反复对话中细心辨识学生的个体差异，并根据学生的耐心引导，让学生原本被遮蔽的个性与潜力重新焕发光彩。由此来看，知识助产士并不提供标准、统一的答案，而是引导学生去寻找和解决真正与自身有关的问题。

不过，仅仅是启发还达不到知识"助产"的目的。启发是为了发现问题，而反思才是应对问题的学习态度。与此类似，未经反思的学习不值得一提。若没有反思，知识仍然是一种潜在的、碎片化的信息流，如同未打磨的石块，无法搭建知识大厦。而只有经过反思，即求知主体对信息流进行重新拼合和反复研磨，并与求知者所关心的问题及其真实处境发生有机关联，这种潜在的知识才能够浮出水面，真正转化为求知者自身的一部分。

而反思的过程在很大程度上正是试错的过程。对于人文学科而言，"试错法"原本就是对知识的不确定性和结果的多种可能性的一种开放性探究态度。苏格拉底的启发式对话正是在反复试错中无限接近于理想中的真理，这一试错过程即是创造力萌生的必要条件。创造力并非超级天才的灵光一现，也绝不是"灌输式"教育所能批量生产的"产品"，而是在以启发与反思为导向的"对话性"教学关系中反复试错、交互碰撞与升华提炼所凝结的"智慧之花"。

三、知识服务者：刺激与反馈

西方近现代大学源于欧洲中世纪大学，它实际上是由学生与教师共同组成的以"求知"为导向的知识性团体。而中国古代的"书院"则有别于以追求仕途经济的主流官学，更具有知识服务精神。此类以追求真知为目标的教学机构往往容易形成一种宽容多元的"服务型"教学关系，这显然是值得高校教师学习的教育理念。

在大众传媒时代，要改善高校师生之间管理与被管理的强制关系，教师就必须站在知识服务者的立场看待课堂教学。如果将教师比作知识供应商，那么学生就是知识消费者。从服务与消费的视角来看，服务对象即消费者显然是核心。服务者有必要根据消费者的真实需求来不断调整自身所提供的"知识服务内容"。但现实的课堂教学状况却往往是：消费者只能被动适应服务者所提供的知识内容。

若要打破教学中这种严重不对等的"强制学习"的氛围，就必须扭转以教师为中心的"灌输式"教学模式，重新构建以学生为中心的"服务型"教学关系，比如近年来流行的"翻转课程"，其基本精神也是要将课堂"还给"学生，而教师则作为答疑者来"服务"学生，而不是高高在上，充当"知识权威"的角色。

与此同时，教师作为知识服务者并不意味着要通过突显自我来"博取"受众的认同。在互联网时代，一切借助大众传播载体的知识服务都不免带有"自我展演"的色彩，这反而容易忽略"知识用户"的真实需求。比如，复旦大学网红教师陈果的心理课程因其充满激情的授课风格备受热议。不可否认，网红教师之所以成为网红，往往是因为其具有独具一格的个人魅力。然而，从知识服务的角度来看，吸引学生注意力的目的不是为了凸显教师自身的魅力，而是要让学生关注教师所提供的知识内容，正如创意商业广告吸引消费者注意力的目的并不在创意本身，而是创意背后所要推广的产品。

如果将教师视为"知识服务者"，那么课堂可以被比作知识服务的营销和推广场所。既然是营销，就必须遵循营销法则。我们不妨借鉴广告学中的 AIDMA 法则与 AISAS 法则来模拟"服务型"课堂教学的运作机制。

所谓 AIDMA 法则，具体分为五个环节，指的是：注意力（Attention）——兴趣（Interest）——消费欲望（Desire）——记忆（Memory）——行动（Action）[4]。AISAS 法则与 AIDMA 法则十分相似，但略有不同，它是指：注意力（Attention）——兴趣（Interest）——搜索（Search）——行动（Action）——分享（Share）。后者的"搜索"和"分

享"实际上更贴近于互联网时代所强调的"互动性学习精神"。

总的来看,AIDMA 法则与 AISAS 法则的核心理念是尝试构建一种"刺激与反馈"的营销机制,这种机制同样可以适用于课堂教学。

课堂与营销相似,都是"注意力战场"。教师与学生之间是一场关于"注意力"的博弈。占据受众在特定场景之下的注意力之根本目的是为了影响其态度和认知,并改变其原有的行为。从 AIDMA 法则与 AISAS 法则来看,如果教学内容无法吸引学生,显然就无法调动其兴趣,自然也难以调动学生自觉学习的欲望,而被动的"灌输"显然无法达到有效记忆的学习目的,其结果是学生不会主动对教师所传授内容进行反馈性的行动。因此,使学生主动接受知识服务并为之做出有效反馈的过程与推销商品使消费者引发冲动并实施购买行为的心理机制具有内在的一致性。

教师所从事的课堂教学活动如同提供了一幅认知地图,而这幅地图是否能够达到指引目的,最终需要求知者的自身行动来裁决。AISAS 法则的搜索(Search)和分享(Share)也是行动(Action)的体现。"行动"意味着将被动性的知识输入转化为主动性的知识输出,若缺少这一步,知识传播的效果将无法检验。进一步来看,在大众传媒时代,搜索是对课程内容的二次认知,而分享是对课程知识的二次传播,二者共同促成对教学知识的正向反馈。比如,在讲授符号学课程时,因理论有一定难度,我曾怀疑教学效果是否达到预期目标。但在批改本科毕业论文之时,发现有数量可观的学生在论文中都会运用符号学理论来阐释具体案例,这实际上就可视为将被动性知识转化为积极性行动的尝试。

由以上这五个环节来看,教学活动与营销活动具有异曲同工之妙,二者皆以受众为中心,强调通过"刺激与反馈"来实现传播效果最大化。而传播者的角色是扮演知识服务者,传播过程中需要紧抓知识消费者的"痛点",而不是以教师为中心的"知识展演"。

四、知识游牧民：跨界与整合

现代大学的知识分科体系实际上是工业社会劳动分工的产物。然而，在信息化为主导的后工业社会，一方面，工业社会原有的劳动分工正在被颠覆，而另一方面，互联网时代和人工智能影响下的新型工种正在破茧而出。作为大学，尤其是人文学科，若仍然画地为牢，将无法适应信息时代"知识爆炸"的新趋势。

若要避免专业理论与社会现实脱节，高校教师必须打破固有的专业教学模式，从"知识的农耕民族"转变成为"知识的游牧民族"①。"知识游牧民"的重要特质是在好奇心驱使之下不断开拓和寻找知识跨界与专业整合的"交叉点"。

要实现有效的知识跨界，必须拒绝被任何一种惯性认知模式所绑定，努力构建能够适应真实世界的多元认知模式。比如，华侨大学近年来大力推行的学校通识课，其实就是一种"专业知识的跨界"。笔者也曾讲授"世界文学经典鉴赏"这门通识课，选择该课程的不少是理工科的学生，而不仅仅是人文学科的学生。课下在与学生们交流的过程中，笔者发现不少理工科的学生学习该课程的目的其实很简单，就是想要"跳出原有的专业思维"。

之所以要跳出"固化"的专业思维，原因在于它常常会使专业学习者产生一种"认知惰性"，容易"绑架"我们观察世界的认知视角。比如，在土木工程专业的学生看来，或许学会如何搭建结构是解决问题的关键；在计算机专业的学生看来，如何优化算法可能是解决问题的核心；而在文

---

① 参见得道 App 订阅专栏《王烁大学问》，"所谓知识的农耕民族，就是像以前的知识分子那样，找一个学科，像种地一样，精耕细作，最后熬成专家教授。""而所谓知识的游牧民族，则是一种全新的知识获取方式，不断激发自己的兴趣，四处搜寻自己可能感兴趣的领域。哪里水草丰美，就向哪里迁徙。"

学专业的学生看来，透过冷冰冰的结构和数据体验到解决问题的过程之美才是目的所在。那么，如何跨越这道"专业的壁垒"呢？

这就涉及到一个貌似矛盾的议题，即专业与广博的矛盾。实际上，二者并不构成事实上的对立。因为当前的中国大学已经逐渐步入大众化教育的轨道，而不再是精英主义的专利。2018 年，全国高考录取率达81.13％，录取本专科学生高达 790.99 万人①。由此来看，大学的"普及化"实际上已呈现出"通识化"的趋势。

从内容上看，"通识教育"（general education）"是一种广泛的、非专业性的、非功利性的基本知识、技能和态度的教育。"[5] 因此，"通识"意味着打破原有的专业和学科设限，突破固有的知识边界，是一种"为求知而求知"的反实用主义知识观。然而，光"破"不"立"并非"通识"的本意，"跨界"的目的是为了重新整合专业内部与外部知识领域之间的链接关系，避免学科专业与现实世界的脱节，促使不同专业与学科之间构建一种正向的互动和互补关系。因此，大学教师的角色转型，意味着要改变工业社会背景下知识农耕民族"精耕细作"的知识生产方式，将自身转化为更为灵活、机动、多元的"知识游牧民"。

结合笔者个人求学经历来说，在硕士和博士阶段，学习的专业是比较文学与世界文学，该专业的特点是兼顾古今中外文学之间的跨界与整合。如钱钟书先生在《谈艺录》自序中所说："东海西海，心理攸同；南学北学，道术未裂。"[6] 也就是说，做学问，既要"立"中有"破"，又要"破"中有"立"，在"破"与"立"之间不断刷新和拓展自我认知地图的边界。曹顺庆先生曾在英文专著《变异学》中提出一个观点：任何文化

---

① 教育探索君公众号："2018 年全国高考录取率 81.13％，高等教育呈现普及趋势！"，https：//baijiahao. baidu. com/s? id =1627050357178142960&wfr = spider&for = pc. 2019 - 03 - 04

交流的成果都是变异的产物①。比如印度佛教演化为中土佛教的传播过程，实际上就是中印文明"杂交"和"变异"的衍生物，而跨文化变异所揭示的恰恰是知识跨界与重新整合的过程。

在当代信息社会，不同学科领域之间处于一种高速流动的液态传播状态。固守小山头，自立为王的"知识农耕时代"已经变得不合时宜。作为高校教师，必须应时而变，主动迎接"知识游牧时代"的来临。知识跨界与整合将成为一种常态，而不同知识门类在杂交与变异中往往蕴含着颠覆式创新与无限迭代之可能。

五、结语

从知识的传播方式来看，齐格蒙·鲍曼所描述的后现代社会与互联网时代所显示出来的去中心化、碎片化、再部落化等传播特征具有"共通性"。与此同时，二者所面临的困境也十分相似：曾经掌控知识权威的"立法者"已经日渐衰落，而替代者不再是另一种权威性的知识话语形态，而是"阐释者"这种流动性的新型知识人格体。

从"知识立法者"到"知识阐释者"是大众传媒时代信息爆炸之下的必然演进过程。在工业社会，"立法者"是以教师为中心，而学生往往被视为流水线上标准化的"知识产品"。在信息社会，高校教师不再代表知识界的立法权威，而是以"学生"为中心的"阐释者"。教学活动中的"阐释者"至少具有三重人格，分别是以启发与反思为导向的知识助产士、以刺激与反馈为中心的知识服务者、以跨界与整合为目标的知识游牧民。这三重人格的核心在于改变以往以教师为主体的"灌输型教学"，而代之

---

① 参见 Shunqing Cao. The Variation Theory of Comparative Literature. Heidelberg & New York：Springer – Verlag, 2013. 曹顺庆先生的这本专著在海内外学术界引发广泛的关注。鉴于其杰出的学术贡献，2018 年 3 月 3 日，他在奥地利萨尔兹堡举办的欧洲科学与艺术院年会上当选为"欧洲科学与艺术院院士"。

以学生为主体的"体验式教学"。

从传播视角来看，"灌输型教学"更像是以传播者为本位的单向式的电视传播，而"体验式教学"推崇的是互动型的社群传播。因此，在"体验式教学"中，教师类似"导游"，他虽然兼具管理者与服务者的身份，但不是生产知识的"权威中心"，而是负责将信息重新"整合"的中转站。与此相对，在网状社群之中，每个学生都是个性化的"节点"，而不是被动的客体。从"单向散播"到"双向对话"，从"知识权威"到"知识节点"，从"把关人"到"阐释者"，这正是大众传媒时代大学教师"自我迭代"的新趋势。

参考文献

［1］［英］齐格蒙·鲍曼. 立法者与阐释者：论现代性、后现代性与知识分子［M］. 上海：上海人民出版社，2000：5 – 6.

［2］［古希腊］柏拉图. 理想国［M］. 郭斌，张竹明，译. 北京：商务印书馆，2002：13.

［3］［美］约翰·杜翰姆·彼得斯. 对空言说：传播的观念史［M］. 邓建国，译. 上海：上海译文出版社，2017：75.

［4］陈培爱主编. 广告学概论（第三版）［M］. 北京：高等教育出版社，2014：134.

［5］李曼丽. 通识教育：一种大学教育观［M］. 北京：清华大学出版社，1999：17.

［6］钱钟书. 谈艺录［M］. 北京：三联书店，2007：1.

华侨大学　新闻与传播学院

传统文化类通识教育的几点思考

王　玮

摘　要：近几年来国内引入通识教育，旨在提升大学生的人文素养和综合素质，虽已取得一定成果，但仍存在进一步完善的空间。传统文化无论对国家凝聚力还是人文素养的培养都有至关重要的作用。如何在当前的大学教育模式之下，更好地开展传统文化类通识教育，值得所有教育工作者深入思考，并在实践中不断摸索、向前推进。

关键词：传统文化；通识教育；人文素养

随着经济发展，时代进步，人民的物质生活水平在不断提高，但是文化水平、精神世界并未与之同步提升。当今社会，缺乏人文素养的例子时有发生，如动车之上大声喧哗，播放视频、旁若无人；地铁里随意吃喝，不听劝阻；影院、餐厅、超市中任意插队等。一个强大的国家，不仅需要先进的科技，发达的经济，强有力的军队，更需要人民拥有较高的人文素养。"人"才是一个国家的核心力量。唯有全面提升国民文化素养，国家方可长盛久安。2018 年，美国数据库项目"开放课程"公布了美国大学生的阅读书目数据，柏拉图的《理想国》、霍布斯的《利维坦》、尼克罗·马基亚维利的《君主论》、塞缪尔·亨廷顿的《文明的冲突》、威廉·斯特伦克的《风格的要素》、亚里士多德的《伦理学》、托马斯·库恩的《科学革命的结构》、亚历克西斯·托克维尔的《论美国的民主》、马克思的《共产党宣言》、亚里士多德的《政治学》跻身前十，这些著作全部是外国经典名著。再来看中国大学生的阅读排行情况，路遥的《平凡的世界》、刘慈欣的《三体》、南派三叔的《盗墓笔记》、金庸的《天龙八部》、石悦的《明朝那些事儿》等成为多所高校榜上"常客"，而中华传统经典名著则鲜有人问津。中美大学生阅读书目的对比值得引起中国教育工作者的重视和反思。近年来，国家越来越重视传统文化教育，从小学、初中，直至高中、大学，每个阶段都加大了传统文化的教育比重。就大学阶段而言，引入通识教育便是举措之一。相对专业教育，通识教育重在提升个人的综合素质，培养有责任感的公民，而这种能力的培养有赖于人文、社会、自然科学等多领域的有效结合。现阶段各高校通识课的设置和授课情况不尽相同，但存在一些共通之处，本文以传统文化类通识课中的代表：《〈老〉〈庄〉导读》为例，浅谈传统文化类通识教育普遍存在的若干问题，并对此提出些许建议。

一、传统文化类通识课程的重要意义

民国时期曾有人问国学大师刘文典先生为何选择《庄子》作为自己的安身立命之本，他回答道："现在国难临头，国家存亡之际，间不容发，我们应该加倍的努力，研究国学……因为一个人对于固有的文化涵儒不深，必不能有很强的爱国心。不能发生伟大文学的国家，必不能卓然自立于世界。文艺、哲学，确乎是救国的工具。要求民族精神的复活，国家的振兴，必须发扬我们民族的真精神。"的确，优秀的传统文化是我国的文化精髓，是中国人民凝聚的核心力量，是生生不息大智慧的源泉。无论国家处于什么境地，作为中国人，理应学习传承传统文化，并将其发扬光大。通识教育的目的之一就是要全面提高大学生的人文素养，而加强经典阅读无疑是实现这一目的的有效途径。我们应加大经典阅读的力度，拓宽经典阅读的广度，增强经典阅读的深度。

古代先贤自幼习诗书礼义，中国传统文化中所蕴含的仁义礼智信、温良恭俭让、道法自然、天人合一、兼爱利他等思想在潜移默化中成为他们生命的一部分。而如今的大学生们大多在孩提时期缺乏系统学习传统文化的机会，缺少文化积淀，但大学时期也不失为一个学习的好时机，此时的他们不仅有一定的文化基础，还有了些许人生经历，这个时候再来学习经典文化，更易理解与接受。但是面对几千年前的经典文化，难免觉得晦涩难懂。正所谓"师者，所以传道受业解惑也"，教师的适时引导，会帮助他们解答疑惑，激发兴趣，拉近与传统文化间的距离，让他们明白原来这些先贤并非高高在上、冷酷无情的仙人，而是活生生、充满人情味的人间客。在这种循序渐进、潜移默化之中，培养、提升大学生的人文素养。

焦躁、浮躁、急躁是现代社会的普遍问题，许多大学生每天或忙忙碌碌或无所事事，但究竟在忙些什么，要有何作为，内心是迷茫的。他们对社会、人生、生命有很多疑问，但苦于找不到答案与方向。杨绛先生曾经说过，我们现在许多人的问题是"想得太多，读书太少"。如果能静下心来好好读几本经典著作，许多困惑会慢慢解开。《〈老〉〈庄〉导读》是诸多高校通识课中的"座上宾"，这与老庄思想中所蕴含的丰富哲理及其在现代社会中仍可给予人们启发和精神力量密切相关。学习老庄，将使我们受益终生。如：养生是当下的热门话题，各种养生茶、养生汤、养生食谱仍层出不穷，但年轻人猝死、过劳死甚至自杀的新闻层出不穷。老子曾在《道德经》中提出"治人，事天，莫若啬"的道理。河上公解释"啬"为"爱惜也"，"治身者当爱惜精气，不为放逸"[1]，这才是"治人事天"的根本。庄子在《养生主》《达生》等篇中也多次阐释保养生命的真谛在于养神，减少不必要的虚耗。再如，《逍遥游》中惠子执着于我见，执着于用大，执着于功利性的"有用"，殊不知"无所可用，安所困苦哉"[2]，无用之用，方为大用！当今社会中又有几人不是如惠子那般功利和我执？老子曾说"有之以为利，无之以为用"[3]，若学生对此能有所领悟，去除我执、消解急功近利之心，生命会更加轻盈与美好。又如《庄子·秋水》篇中"河伯与海若"的经典对话告诫我们为人要有大格局，不能像盲人摸象般目光短浅、夜郎自大，若学生能有"海若"之境界，放大格局，变固定性思维为整体性、预见性思维，将会取得不断的成长与进步。以上所讲仅是老庄思想中的冰山一角，而老庄思想又只是博大精深之中国传统经典文化中的一个组成部分。举此为例，意在说明传统文化在当今社会中仍有不可忽视的重要意义，它不应仅为中文系学生的学习内容，更应成为所有国人的枕边书。通过传统文化类通识课程的开设，对文理工科各专业的学生进行传统文化的普及，使学生熟悉并正确理解传统经典，吸取优秀传统文化中生命潜能如何被激发、生命本质如何被真正认识的智慧，从而帮助他们汲取受益终身的能量，提升个人的内在修养与人格境界，真正达到"教与学"的目的。

二、传统文化类通识教育普遍存在的若干问题

通过讲授《〈老〉〈庄〉导读》的切身感受及与学生交谈、同事交流获得的信息反馈，发现目前传统文化类通识课主要存在以下几点问题。

首先，部分教师对通识课不够重视，认为其与专业课不能相提并论，

存在备课不充分、教学不够认真的情况。学校虽将校选课改作通识课，并采取了一系列提升通识课地位的举措，但部分教师未曾认真思考通识课的开设意义。

其次，教师在授课过程中缺乏课堂设计，仍采用传统的授课模式，照本宣科，缺乏互动，难以引起学生的学习兴趣。通识课面向的是来自不同年级、不同学院、不同专业的学生，授课模式应与专业课不同，需进行灵活性、针对性设计。

第三，教师之间缺乏沟通，各自为营，无法形成完整的系列课程。

第四，学生对待通识课的态度不够端正，认为其无法与专业课相提并论。

第五，传统文化类通识课的设置存在不足。如：数量太少，不成体系。以华侨大学为例，从 2016 年至今共开设了 6 门传统文化类通识课程，占全校通识课总数的 3%。再如授课教师大多以青年教师为主，缺乏丰富、雄厚的师资力量，通识课往往成为教师完成教学工作量的"备胎"。

三、关于传统文化类通识教育的几点建议

通识课该如何向前推进，是全国教育工作者的共同的责任。在此，从管理部门和授课教师两个角度，提出几点对传统文化类通识课的建议。

（一）管理部门

1. 管理部门应做好全局统筹工作，增加传统文化类通识课程的数量，提高其在通识课中的占比。对于一些十分重要、必要的传统文化类课程，管理部门应与相关学院、教师沟通，大力鼓励、扶持有丰富教学经验的教师开课。

2. 各高校内部可集合相关专业的优秀教师，甚至可以各高校之间进行

名师联合，共同打造传统文化类精品通识课，并将其作为全校学生的必修课程，亦可在全国高校内进行推广。

3. 降低传统文化类通识课的学分、压缩课时。目前每门通识课基本为2学分，32学时，许多高校仅要求学生完成2学分的传统文化类通识课程的选课即可。但考虑到传统文化类通识教育的目的在于知识的普及和人文素养的提高，不妨将每门传统文化类通识课设置成1学分，16学时，以便学生有机会接触到更多的传统文化。

4. 各大高校均有开设传统文化类通识课，鼓励高校教师结合自己所授课程，积极参与交流、参加培训，提升教育理念，改善教学方法，明确传统文化类通识教育的意义所在，以达到预期教学目标。

5. 因材施教，分班授课。目前各大高校均有或多或少的境外学生，在授课时应充分考虑到境外生与境内生不同的文化、教育背景和基础水平，有必要针对具体课程的性质与内容，将境内生、境外生分班授课，因材施教。教师应在授课过程中重点探索境内外学生学习本课程的不同特点，有针对性地设计双效教学模式，提升授课效果。与此同时，建议给境外生授课时采用中小型课堂，以便教师更好掌握、提升境外生的学习效果。

（二）授课教师

1. 通识课面对的是不同学院、不同专业、不同年级的学生，授课方式不能与专业课相同，授课教师应结合课程内容，进行针对性教学设计。对传统文化类通识课程来说，以思想启迪为中心，融通传统与现代、文本与现实、教师与学生、学生与学生、课内与课外，从而形成思考与表达的广义教学场。时代虽已不同，但传统文化经过时间检验而沉淀下的精髓是于国家、社会、个人都有益处的。文本中沉睡的文字，在当今社会中仍可重新起舞，带给读者思考与感悟。教师与学生之间要打破严格、呆板的师生关系，在传统文化长河中遨游时，彼此携手，共同前行，教学相长。学生与学生之间，虽来自不同学院、年级，彼此陌生，但亦可在课堂上相互学习、切磋。思考与表达是大学生在校期间应重点培养的能力，而培养的最好途径莫过于课上与教师、与同学之间的思想碰撞与感悟交流。但课上时间毕竟有限，在教师的引导下，更应充分利用课外时间。可采取课堂上分组讨论、课下合作完成作业的形式，班级同学相互交流、熟悉。分组时要注意年级、专业、境内外生等的合理分配，并且定期进行组员更换。融通应是通识课程授课的重要理念，并贯穿始终。

2. 授课形式多样化。打破传统满堂灌的授课方式，采取灵活、多变、轻松、高效的教学模式，如：

1）为了帮助学生更深入地了解传统文化，课堂中可以采用诵读、演读等方法。诵读是学习传统文化的重要手段，南宋理学大家朱熹在《训学斋规》中曾说"要读得字响亮，不可误一字，不可少一字，不可多一字，不可倒一字，不可牵强暗记，只要多诵数遍，自然上口，久远不忘"。诵读有助于学生更好地理解经典，亦有助于培养其人文素养。演读，顾名思义就是用表演的方式朗读，是中学语文教学中常见的方式，大学课堂也可借鉴使用。演读需要对经典作品较为熟悉，也需要一定的表演能力和良好的团队配合，因而有利于提升学生对传统文化的记忆、提高语言表达能力、培养团队合作精神等。因此，可以在学期中选择一两次课，进行一场诵读与演读比赛，一方面调动大家的积极性，提高课堂参与度，另一方面也使他们能够加深记忆与了解，学以致用、直接受益。

2）组织专题讨论会。讨论内容主要结合课堂授课内容以及在学习传统文化过程中的个人心得、感悟、疑问展开。在讨论会上，以学生发言为主，针对每位学生的发言，其他同学可以进行解答、补充甚至论辩，教师围绕争辩焦点进行引导和总结。如此，教师既可以掌握学生听课的情况，也可以有针对性地完善教学内容，还可让学生更好地参与课堂，帮助他们完成由被动灌输向主动吸收的角色转换。

3）采用多教师合作的授课模式。对于部分传统文化类通识课，可以打破一人授课的传统模式，教师们可以结合个人专长，形成授课团队，团队成员可以来自不同学院、不同专业，大家通力合作，共同授课；亦可邀请国内外相关领域的专家、学者前来，以讲座形式授课。

4）课堂与实地考察相结合。根据具体课程的实际情况，选择适合时间和地点，进行实地考察，更好地帮助学生了解所学内容。如《〈老〉〈庄〉导读》一课，可以就近选择道教名山、道观、博物馆等场所进行实地教学。

精神文化建设需要一个长期积累的过程，绝非一朝一夕之事。在学习传统文化过程中，尤其要注意厚积薄发。所谓厚积，主要指多阅读经典著作，拥有属于自己的知识储备，以《〈老〉〈庄〉导读》为代表的传统文化类通识课程即是在教师的指导下少走弯路，对经典展开高效阅读，丰富思想，提高人文素养；而薄发更多地是指吸取中国传统经典文化中的精华部分，并将其转化为今日不断前行的力量。2015 年 11 月北京大学、清华大学、复旦大学、中山大学成立"大学通识教育联盟"，推动我国通识教育迈向新的阶段。希望在不久的将来，我国的通识教育体系可以在实践中发现问题、思考问题、改正问题，愈加完善，为我国培养出更多人格健全、专业水平过硬的有志青年。

参考文献

［1］王卡，点校．老子道德经河上公章句［M］．北京：中华书局，1993：230－231.

［2］［晋］郭象，注．［唐］成玄英，疏．曹础基，黄兰发，点校．南华真经注疏［M］．北京：中华书局，1998：18.

［3］王卡，点校．老子道德经河上公章句［M］．北京：中华书局，1993：42.

华侨大学　文学院

教师专业成长的学思践悟[①]

——读《教师花传书》有感

黄贻宁

摘　要： 教学既是科学也是艺术，教师应尊重自身的教育哲学，自觉修习技艺、磨砺技法。形塑"学的专家"，须自我定位、模仿创新、从匠人走向专家。教学实践学习过程是教师主动关联的过程，包括师生关联、生生关联、言语关联、增加关联和减少关联。创造性课堂体现为高超的技法、正向的课堂气息、交响的课堂意象与独特的课堂效益。

关键词： 教师成长；专业发展；学思践悟

一、《教师花传书》书写特色

日本著名教育家佐藤学教授，以构建和推动中小学"学习共同体"而享誉全球。作为"行动研究者"，佐藤学长期扎根一线、指导课程改革，

---

① 本文为福建省教育科学"十三五"规划 2017 年度重点课题项目（FJJKCGZ17 – 048）阶段性研究成果。

引领学校发展，其课堂实践三部曲中译本《教师的挑战》《学校的挑战》《学校见闻录》在中国成为畅销书，荣登《中国教育报》2012 年度影响教师的 100 本书、教师喜爱的 100 本书前 10 名。近期品读佐藤学《教师花传书：专家型教师的成长》[1]一书，对其写作方式、主题思想和学术观点颇感兴趣，在理解、反应和同化的阅读思维中，产生了撰写读后感的动机。

《教师花传书》日语版刊行于 2009 年，中译本于 2016 年出版，译者为陈静静博士，审校为钟启泉教授。书名"花"字作者这样解释："花"即教学之花，指教师智慧的技法和洗练的教学，这种花可创造、可传承。教学之花包含"心"与"种"两种元素：心即思想、哲学；种即身体技法、智慧。本书以轻松的笔调、理论联系实际的方法阐释"学的专家"思想，书写特色是"两讲一学"。

两讲，即讲故事、讲道理，一方面讲述教师课堂教学的真实故事，一方面以通俗的语言、深入浅出地讲解教师成长道理和教学研究理论。譬如，讲古屋和久老师教"成功养蚕"故事时，描写使用的教材、学习目标和课堂组织方式，刻画生动活泼的学习场面，呈现古屋老师倾听孩子们对话的情景，然后讲解"作为对话实践的学习"理论，指出"与物的对话实践""与他人的对话实践""与自己的对话实践"（012）①是提高课堂效率的宝贵经验，并以古屋老师的教学感悟，揭示有实践需求、善创造经验、勤实践反思的教师就能够可持续成长的道理。

一学，即把"学的专家"理念作为一根主线贯穿全书，"学的专家"观与当代学习型社会、终身学习观有共通之处，已成为 21 世纪最有影响力的教师发展观。由"教的专家"向"学的专家"，转型，应当具备专家型"教师的能力"，这种"教师的能力 = 娴熟手工者的能力 + 教育专家的能

---

① 本文所有括号内 3 位数字，均表示引用内容在《教师花传书》中的相应页码。

力"[2]。从"教的专家"转向"学的专家"有三种路径：一是遵循学习的三位一体论，即对话实践的学习理论；二是多元学习理论，如教学中向学生学习、向教材学习、向同事学习、向社区学习、从自身的经验中学习（005）；三是在教学改造中学习，基本方法是校本教研、课例研究、敢于挑战（129）。校本教研是每一个教师专业成长极其有效的途径，教师应参与学习共同体、建构同僚性、善于知性判断、勇于担当责任；课例研究（lesson study）即开展反思实践活动、交流实践经验、洞察课堂问题、选择可行教法；敢于挑战指发扬传统，洗炼有创新性和挑战度的课堂。

二、教师专业成长的学思践悟

1. 教学属性

教学实践是哲学，教学实践的技法是"艺术"，教师的学习也是"艺术的学习"（007）。佐藤学倡导教师学习心理学，学的是哲学心理学而不是科学心理学，因为教师教学实践的本质是哲学和艺术，也就是说，教师的教学实践不是科学而是艺术。问题是，哲学是什么？亚里士多德逍遥派说，哲学是理论学科（如数学、物理学、形而上学等）、实践学科（如政治学、伦理学）、创造性学科（如诗学、修辞学）。这样看来，哲学既是自然科学也是人文学科。叶秀山认为，哲学是科学也是学术，它有自己的研究对象和规律，有自身的理论和方法；但哲学也可以超出学术的范围，成为文化和艺术的东西[3]。实际上，科学和艺术是不可分割的，科学和艺术是一枚硬币的两面，它们皆源于人类活动最高尚的部分，都追求着深刻性、普遍性、永恒和富有意义。如果说，教学实践是哲学和艺术，且哲学既是科学也是艺术，那我们就可以说，教学既是科学也是艺术。

教学究竟是科学抑或艺术，这个问题颇有争议。在欧洲，从古希腊到文艺复兴，教学基本上被看作一种艺术。随后几百年，教学作为一门科学的理论观点占了上风，但关于教学的本质究竟是艺术还是科学的论争却不绝于耳。20 世纪，杜威倾注于研究教学艺术，而海特的《教学艺术》（1951）把许多人引向探讨教学的艺术性问题[4]。事实上，教学既是科学也是艺术。一方面，教学是科学的，因为教师所传、所授、所解的是各种学科知识，是人类智慧的结晶和经验的总结与提炼，要求准确无误、严谨细致。另一方面，教学是艺术的，因为教师在传道授业解惑中要有情感和美感，要有感染力，要求生动形象、灵活而富有变化。

哲学是对实践经验负责的学科[5]。教学实践有三个概念：一是技能（skill），即技术能力；二是技艺（craft），即技工的手艺；三是技法（art），即教学艺术（041）。艺术的学习极其困难。正如戏剧名家名段作品一样，后人可欣赏却不可复制，只能通过模仿，在模仿中追求创新。同理，课堂艺术是高度自主化、个性化、柔性化的教学状态[6]，课堂技法也不可复制。课堂是复杂的社会，充满了不确定性，每一节课时空不同、师生心态不同、学习内容不同，教师必须根据各种变量机智应变，即时调整教学方法，以达到"随心所欲而不逾矩"的完美境界。教学技艺技法虽不可复制，却是可学的。技艺之上是道德和精神，教师需具备职业道德和创新精神，才能成就"学的专家"。

2. 教师姿态

教师成长应专注于本职工作，专注于学习教学技艺。教师学习首先要明确自身角色定位（position）。这里，position（022）有"位置"或"姿态"两层意思：位置，即根据不同情境选择最适切的身位和教态，帮助学生进入自己的"身体意象空间"（023）；姿态，指表示人外部的身体姿势和内在的心理态度，如敞开胸怀的倾听学生发言、倾听学生之间的交流话语（030）。显然，姿态比位置更重要。

要做出"学的专家"的姿态，须从三方面努力。一是自我定位（self-positioning），明确角色身份[7]，把握学习方式，如"受教于教师，而非教导教师"（003）。优秀教师可谓教学擅长者，但"擅长者也非样样精通，拙劣者也有可取之处"，因此"擅长者也要学习他人的可取之处，从而使技艺更上一层楼"（005/040）。要言之，放下身段、放平心态、虚心学习、兼收并蓄，才是走向"学的专家"之真谛。

二是模仿创新。教学实践也是一种教师的学习，这种学习是文化的、社会的、伦理的、实践的学习。学习既要模仿，更要创新。模仿是创新创造的必由之路。贾平凹坦言，他的早期作品都是模仿、借鉴的成分更大一点[8]。大作家写作始于模仿，教师学习技艺也不例外。不过，教学技艺可模仿可传承，而专业智慧却不可模仿，要靠经验及伦理的反思形成（050）。因此教师学习必须在模仿基础上追求创新，不断摸索属于自己的教学哲学。

三是从匠人走向专家（007）。匠人型教师即"高级技术工"，具备娴熟手工者的技能。匠人型教师懂得倾听，也懂得"该如何教学"（034），其动作是可见的、显性的，其风格鲜明，有看得见的绝活或拿手好戏，且自觉形塑尊重学生、关注教材、注重自身的教育哲学的匠人气质（037）。专家型教师具备一般性素养、学问素养、教职素养（048），能够"活用最先进的知识和最高的智慧来工作"（064）。专家的能力结构由反思、判断等专业智慧和实践智慧组成（050）。其中，专业智慧是通过对经验的反思而获得的知识，是一种基于选择与判断，代表"睿智"的知识样式（053）；实践智慧则是教职专业性的精髓，实践智慧究竟是什么，至今还没有完全探明（054），但有一点可以肯定，专家的反思、熟虑与判断是"看不见的实践"（059）。换言之，实践智慧是隐性的，因为本质的东西是肉眼看不见的（What is essential is invisible to the eye.）。教师在教学实践中修炼研修、自我教育、奋发图强，是从匠人走向专家的秘籍。复杂综合的专家能力一旦形成，我们很难确切地划分哪一部分是匠人的能力、哪一部分是专家的能力。

3. 学习本质

人类学习的过程就是认识世界的过程。认识世界是人的身体、大脑与环境的连接。人脑拥有 1000 亿个神经元以及 100 万亿个突触联结，连接是人类进化的结果和本能。语言知识的心理本质，大体上说就是人的兴奋点的特定连接（particular connections）[9]。英文 connections 对应汉字连接，其词根 nect/nex 指 neck（脖子），意为 to bind，即"联结"或"（使）联合在一起"。从脑神经科学看，学习的本质是连接，学习过程就是联结过程。联结也是一种关联，关联即事物相互之间的连接和影响。

教学实践的学习本质上是教师的主动关联。佐藤学说教师学习存在各种关联。其一，"关联倾听"（011）是师生关联，即教师倾听学生，学生倾听教师，倾听是理解与对话的基础。其二，"关联讨论"（011）是生生关联，即组织学生之间讨论、交流与分享的协同学习。其三，言语关联，即学生的言语（发言）与内容（教材）之间的关联、学生言语与其他学生言语之间的关联、学生言语与自身之间的思考或言语之间的关联（030/091）。其四，增加关联，即"关联的扩大"（011），包括多个知识点之间关联或建立关系的多点关联，多个同学讨论、"向同事学习"（065）、与多个同伴交流的多元关联，以及教师个体与物的对话、与他人的对话、与自己的对话（012/052）的多重关联。其五，减少关联，即在有限的边界内不断洗练教学技法。很多教师上公开课，总想展示所有预设的东西，结果教不完，只好延时拖课。佐藤学说：教师的实践研究并不是要加入"新的东西"（知识、技术），而是要"不断地砥砺真正必要的东西，下决心剔除不必要的东西"（014）。实际上，教师最缺的是减法思维，而不是加法思维。

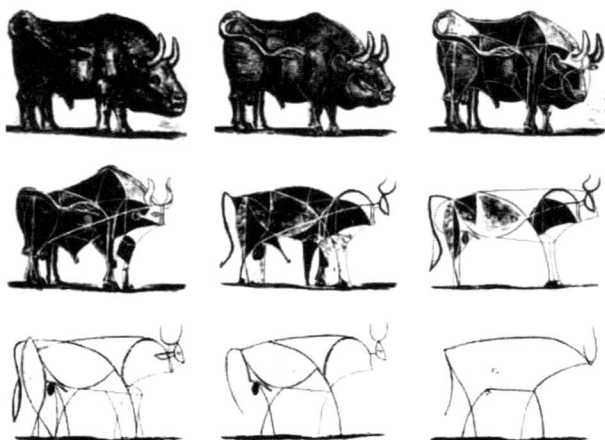

图 1　毕加索"抽牛"图

如何做减法？关键是理解"砥砺"一词。砥砺之"砥"，指细腻的磨刀石；砥砺之"砺"，指粗糙的磨刀石。砥砺作动词指磨炼，反映了"为道日损"的道家思想。教师要成为"学的专家"，就必须磨炼意志、洗炼技法、整炼思维。

为何做减法？佐藤学讲了三个道理（102）：一是 Less is more（少即多），二是 Simple is better（简单更好），三是 Small is sensible（小更敏感）。少即多是模糊的精确，也是抽象概括的思维技能，毕加索"抽牛"图堪称典例。简单更好，教学实践的简单，指学习目标简明、课堂结构简洁、教师话语简练、教学过程简约。小更敏感，即关注细节，如从一个词义入手解读全文，抓住核心要义；教学应当力求大处着眼、小处着手、以小见大。

4. 课堂要旨

创造性课堂需要创造性技法，创造性课堂是用高超的技法，创造正向的课堂气息、交响的课堂意象、独特的课堂效益。

第一，课堂气息。本书多次出现"气息"一词。汉语"气息"有很多义项：①呼吸，指呼吸出入之气；②说话声气；③讯息；④气味；⑤习气；⑥情感或意趣，如生活气息；⑦气恼；⑧诗文风格等。这些义项，有的是生理的、外显的，如①②；有的是心理的、内隐的，如⑤⑥⑦；还有的是引申义，如③④⑧。概言之，汉语气息指人或事物的气象、气度、气派、气韵、风格等各种现象。日语"气息"可统称课堂现象（017/078），其确切词义因语境而变。从上下文看，书中气息至少有五种含义：一是氛围，如"有些课堂感受不到气息"；二是秩序，如"有些课堂气息很乱"；三是过程，如"有些课堂气息却很整齐"。师生、生生之间的气息彼此融合；四是效率，如"有些课堂气息很浅淡，有些课堂气息却很深沉"；五是情境，如引导学生联想文章的语言所表达的景象（056—057）。很显然，佐藤学关注浓厚学习的氛围、井井有条的秩序、自然流畅的过程、扎实到位的效率和以读促思的情境。

第二，课堂意象。"交响的教学"（013）概念把课堂上师生比作乐队，教师即指挥，学生即演奏各种乐器的乐手，师生共同围绕课文主题，合奏出美妙的乐章。这种隐喻性思维把交响乐"图像"与教学"意义"连接起来，深描了形象逼真的学习共同体，建构了丰富多彩的课堂意象，诱发了协同和谐的大脑图式。然而，要实现课堂上"个体之间的融合"（017），即师生—生生之间的有效协同学习并非易事（084），教学实践中存在三方面困难：一是教师习惯了讲座形式的课堂，二是教师组织课堂存在问题，三是课程复杂且意识淡薄（085）。破解困境的方法有三：（1）学校应提高教师的安全性，在校园里有安全感和归属感；（2）应强化师生向心力，朝着既定的学习目标协作探究、交流分享；（3）应改善课程环境，选择难易度恰当的教科书，创设"冲刺与挑战的学习"氛围（086）。综合运用这些方法，有望逐步推进课堂学习共同体，实现群体的融合和交响的教学。

第三，课堂效益。高效课堂具有情感性、过程性、挑战性、有效性等特征。情感性，指课堂气氛轻松、师生关系融洽，教师良好的情绪能够活跃课堂、吸引学生的注意力、降低焦虑度。过程性，指教学过程结构简约，课堂分"倾听、串联、反刍"三个环节（018；071）。倾听，即学生细听老师讲解，老师细听学生话语；串联，即学生之间建立协同探究学习关系，使个体之间互相启发互相促进；反刍，指学生不断回归教材，从课文中寻找言语证据，真正理解文本。挑战性，即提出略高于学生认知水平的问题，制造认知冲突，创设思维空间化情境，让学生对新事物或未知事物表现出"惊叹"或"困惑"，以激发求知欲。有效性，是提高课堂"质的时间"而不是"量的时间"。量的时间是直线的、不可逆、均质的，而质的时间是可逆的、循环的、多重的（018）。课堂量的时间不变，质的时间则因人而异。让学生主体卷入、身体参与、言语表现，能够提升质的时间。

三、教师职业生涯的发展路向

学思践悟，即在学习中思考，在实践中体悟。"学能广见、思能深识、践能真知、悟能明心"[10]。其中，"学""践"是关键，"思""悟"是重点；"学""践"是桥梁，"思""悟"是动力。一方面，在专业学习与教学实践中产生"思"与"悟"，深刻理解教学本质；另一方面，在学科思维与人生体悟中反哺"学"与"践"，有效提升课堂质量。

大学教师职业生涯的自我发展，需要身份认同、课堂实践、理论学习。首先，立足本职岗位，建构教师共同体。如利用网络平台或课堂环境与同行交往，在话语共同体中相互交流，总结工作经验，分享教研甘苦，共同面对"成长的烦恼"，解决一些实际问题，使共同体成员成长为卓越的教学者[11]。其次，主动观察课堂，以外围观察与内部观察相结合，前者以旁观者角色观察课堂、了解课堂活动的全过程，后者以当事人身份洞察课堂，倾听被观察者的言行，并与观察对象对话，获得第一手研究资料，然后发现问题，分析问题，求解提高课堂质量的策略[12]。再次，加强理论学习，勤于实践反思，提炼个人教育哲学，探寻自我发展的轨迹，留下同伴交往的心迹。一个优秀的教师，应该天生不安分、会做梦，既热爱本职工作，又不安于现状，也不陶醉于已有成绩，在职业生涯中追求超越自我，实现人生梦想[13]。

参考文献

［1］［日］佐藤学．教师花传书：专家型教师的成长［M］．陈静静，译．上海：华东师范大学出版社，2016.

［2］钟启泉．从"教的专家"走向"学的专家"［N］．中国教师报，2019 – 07 – 10（05）.

［3］王路．叶秀山的哲学追求［J］．读书，2019（7）：100 – 105.

［4］孙志胜．教学是科学还是艺术？［N］．中国教育报，2012 – 07 – 20（6）.

［5］俞宁．月光皎洁只读书——怀念既专且通的包天池老伯［J］．文史知识，2019（6）：108 – 118.

［6］龙宝新，折延东．论高效课堂的建构［J］．教育研究，2014（6）：122 – 129.

［7］Sahragard，R. & Sadeghi，M. Exploring Teachers´Role Identity among Iranian EFL Teachers：A Narrative – based Research［J］．International Journal of Applied Linguistics & English Literature，2017，6（4）：12 – 20.

［8］贾平凹，张同道．贾平凹谈：故乡与《废都》［J］．书摘，2019（5）：46 – 48.

［9］李静纯.课堂：重新认识语言知识的地位［J］.基础教育外语教学研究，2016（8）：26－34.

［10］九思."学思践悟"小议［N］.光明日报，2017－05－19（15）.

［11］Taylor，L. A. How teachers become teacher researchers：Narrative as a tool for teacher identity construction［J］. Teaching and Teacher Education，2017，61（1）：16－25.

［12］王鉴.课堂志：作为教学研究的方法论与方法［J］.教育研究，2018（10）：122－132.

［13］朱小蔓、朱永新.中国教育：情感缺失［J］.读书，2012（1）：3－15.

福建工程学院　人文学院

研究生"结构动力学"课程教学实践与思考

——以华侨大学土木工程专业为例

宁西占　刘天姿

摘　要: "结构动力学"是土木工程高等教育系列课程不可或缺的重要分支,是结构抗震、抗风、抗爆分析以及结构振动控制、健康监测等研究的理论基础。简析国内外著名高校"结构动力学"开设状况,总结教学中存在的问题,结合工程教育认证和新工科发展需要,介绍华侨大学土木工程学院研究生"结构动力学"课程的教学实践和教学效果,并对研究生"结构动力学"课程改革提出几点建议。

关键词: 土木工程;结构动力学;新工科;工程教育

引　言

结构在使用过程中要受到各种外界作用(荷载),并会产生内力、变形等(反应)。为节省造价、保证安全、提高寿命并有效地实现使用功能,需要了解并控制结构的反应,这需要研究结构、荷载、反应的关系。通常,荷载分为静荷载和动荷载,前者的大小、方向和作用点不随时间变化；后者引入了时间因素，使得荷载、结构、反应三者之间的关系变得较为复杂。因此，有必要开设基于牛顿力学、研究结构在动荷载作用下的反应及控制问题的课程，即"结构动力学"[1]。

在荷载、结构、反应三者中，已知任意两个量即可求得第三个量。因此，结构动力学的研究内容可分为四类，如图1所示。其中，第一类是土木工程专业中结构抗震、抗风和抗爆分析的理论基础，第二、三类是新兴的结构健康监测等领域的理论基础，第四类为结构振动控制的理论基础。随着科技的进步和经济的发展，越来越多的大跨建筑、超高层建筑和大型桥梁等如雨后春笋般拔地而起，并保持高速发展势头，且越来越多的建筑设计突破了原有的常规造型，在建筑体形、立面以及建筑内部的分割、布置方面追求创新，从而使结构的复杂性和不规则性达到了前所未有的程度。工程界对这些结构的动力问题越来越重视，使得结构动力学知识逐渐成为土木工程技术人员从业的重要技能。工程教育认证和新工科日益强调创新型人才、复合型人才培养[2]，如何通过有限的课程教学帮助学生们从本质上理解工程问题、解决工程问题，是高校教师面临的巨大挑战。

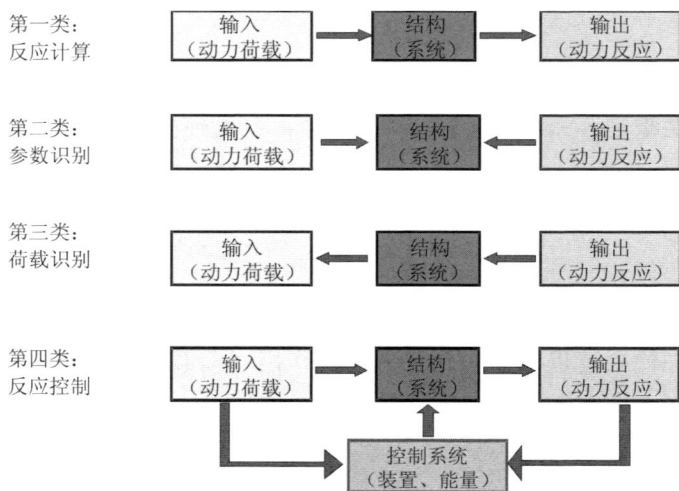

图1　结构动力学研究内容

首先，简析了国内外著名高校开设"结构动力学"课程状况；其次，结合笔者的学习和教学经验，总结了教学中存在的问题；再次，综合工程教育和新工科的特点，介绍了华侨大学土木工程学院研究生"结构动力学"课程的教学实践和教学效果；最后，结合土木工程的发展，对研究生"结构动力学"课程改革提出了几点建议。

一、国内外"结构动力学"课程简析

作为工程学科高等教育的一门重要基础课程，结构动力学与工程实际有着密切联系，大多数国内外高校都开设了结构动力学，如世界土木工程强校美国麻省理工学院、美国加州大学伯克利分校、英国剑桥大学、新加坡国立大学、日本东京大学、瑞士苏黎世联邦理工学院，以及我国土木工程专业一流学科高校同济大学、清华大学、哈尔滨工业大学等[3,4]。上述高校根据各自学科发展需要，课程内容设置的广度和深度因校而异。如新加坡国立大学课程内容包含梁、柱以及框架的失稳，加州大学伯克利分校课程内容包含非弹性性质下的影响，苏黎世联邦理工学院课程内容则包含结构机（车）荷载振动响应分析等。在课程性质上，作为硕士研究生必修课程的有同济大学、麻省理工学院等高校等，作为硕士生限选课的有英国剑桥大学、新加坡国立大学等。在授课方式上，虽然有些高校设置了一些实验课程、专题课，但大多数高校仍然以教师为中心，以讲授知识为目的。

二、教学中存在的问题

1. 学时与授课内容的矛盾

受研究生培养方案的约束，国内大多数高校"结构动力学"课程授课课时为 32 学时[5]。然而，结构动力学知识体系庞大，通过有限的课程讲授，学生可以掌握基础知识和基本概念，但无法激发学生的兴趣。追求授课内容全面，往往导致知其然而不知其所以然；精简授课内容，可以达到培养计划的最低要求，却易造成学生混淆概念。

2. 理论推导枯燥无味，联系实际匮乏

结构动力学授课内容理论性较强，涉及本科阶段的众多课程，如高等数学、理论力学、材料力学和结构力学等。在教学中发现，即使学生能够回顾起理论推导所用知识点，能够沿着老师的思路将结构动力学中的相关理论独立推导出来，但依然感觉学习枯燥无味、无法激发起兴趣。学生普遍反映不知为什么要进行这些推导、这些理论公式有什么用、如何应用学到的动力学知识解决实际工程问题等。

3. 授课内容缺乏前瞻性

在国内外"结构动力学"课程中，大部分高校讲授了结构反应计算，且分析对象和授课内容相对单一，如单/多自由度振动特性与反应计算、梁的弯曲振动等。这些教学内容属于结构动力学的第一类研究内容，而最新发展起来的涉及结构振动控制、系统识别和荷载识别等具有前瞻性的知识几乎不涉及。但是，随着科技的进步，越来越多的结构需要采用结构振动控制措施、全寿命健康监测，在研究生阶段仅讲授经典动力学理论和传统知识，不符合新工科专业建设的特点，也不能满足工程教育培养复合型人才的要求。

4. 教师为中心

大多数高校的授课方式偏向于教师单方面课本知识的讲授，而教学效果的检验往往是采用传统的教师围绕讲授内容布置作业、进行课程考核，即"以教师为中心、以知识传授为目的"，学生多是被动学习。但研究生培养目标是，掌握学科坚实的理论基础和系统的专业知识，具有创新精神和从事科学研究、教学、管理或独立担负专门技术工作能力的高级专门人才。"以教师为中心"这种方式不能够反映学生在整个教学过程中的表现，也不能体现学生的真实能力，更难以培养具有创新精神的人才，这与研究生培养目标相悖。

三、结构动力学的教学实践

华侨大学土木工程学院研究生培养中将"结构动力学"设为选修课，在以往的教学中以理论教学为主。立足"以成果为导向"的工程教育[6]，结合"研行一致"的新工科建设需要[7]，笔者在华侨大学土木工程学院研究生"结构动力学"课程中开展了一些新尝试。

1. 教学内容与进度

近年来，华侨大学土木工程学院结合国家和区域经济社会发展的重大需求，在结构工程二级学科下，形成了结构抗震与综合防灾、新型结构体系与设计理论等稳定的研究方向，逐步从传统相对单一的研究转向综合性研究。结合土木工程学院教师研究方向，研究生"结构动力学"的教学内容和进度安排如表1所示。

从表中可以看出，"结构动力学"教学依然是重基础理论和基本概念，在36学时的教学过程中（含2学时期末考试），单、多自由度结构体系的基本理论和概念的讲授分别占用了8学时和6学时；教学内容选择也注重与工程实践和行业动态发展相结合，在单、多自由度体系的相关知识讲授完成后，分别引入了耗能减震与隔震（振）和调谐质量阻尼器的相关内容；注重与研究生课题相结合，讲授了动力反应的数值计算和分布参数结构的动力反应；同时，开设专题介绍结构动力学的前沿发展和学科发展动态。

表1 "结构动力学"课程教学内容与进度表

序号	计划章节	计划教学内容	学时安排
1	结构动力学概述	结构动力学基础	2
2	单自由度体系动力问题	反应计算：自由振动、简谐荷载、周期荷载、冲击荷载、斜坡荷载；频率、阻尼比；广义单自由度体系；单自由度系统线性体系地震反应分析：杜哈梅积分、反应谱、人工地震波；	8
3	能量与阻尼	阻尼：阻尼的产生、作用与计算，降低结构响应的方法；耗能减振结构体系：金属阻尼器、粘滞阻尼器等	2
4	隔震（振）原理及设计	隔震（振）原理、多层结构隔震设计	4
5	多自由度体系动力问题	运动方程的建立、固有频率和振型、振型的正交性、振动特性的计算、动力反应分析的叠加法（振型叠加法）	6
6	两自由度系统振动分析	吸振器、调谐质量阻尼器	2
7	动力反应的数值计算	时间步进法、典型数值积分方法；非线性动力响应分析	2
8	分布参数结构的动力分析	梁的弯曲、轴向振动：运动方程的建立、无阻尼自由振动分析、振型的正交性	4
9	专题介绍	结构动力学问题前沿：混合试验 结构动力学的反问题：结构健康监测与损伤识别	4

2. 课堂设计

（1）以学生为中心

课程伊始，让学生用2至3分钟进行自我介绍，包括姓名、本科院校、导师、研究方向、选课原因以及对结构动力学的期待等方面，全面掌握学生的知识背景等信息，适当修改既定的教学内容。在授课过程中，选择合适的知识点，由学生上台讲解。例如，有的学生本科结构力学中学习过一部分结构动力学的知识，在讲授单自由度无阻尼体系动力反应时，相应的解析解可由学生来讲述。又如，有些学生在本科阶段学习过结构抗震设计，在讲授单自由度系统线性体系地震反应分析和反应谱时，也可请学生上台讲授或谈谈自己的理解。通过"以学生为中心"的课堂设计，可反映学生在教学过程中的表现和真实能力，有助于提升学生的综合能力，符合工程教育的理念。

（2）以问题为导向

对理论性较强、公式繁杂的学科，教师一味地讲授知识不利于学生理解掌握和拓展，应采用"以问题为导向"的授课方式，但并不是所有章节、所有知识点都可以采用这种授课方式。在"结构动力学"讲授阻尼的影响时，可采用"以问题为导向"的授课方式。例如，可以与学生交流，阻尼对结构反应有什么影响、这种影响是好还是坏、结构设计中如何应用阻尼的影响、工程中有没有用到阻尼这种特性。通过设置问题，调动学生的兴趣，可使学生从被动学习转化为主动学习，有利于激发学生的创新意识。

（3）教学方式多元化

"结构动力学"的课堂讲授中有众多的抽象公式，不利于学生理解对应的知识。有必要采用多元化的教学方式，引导学生深入理解和掌握理论知识。在讲授单自由度结构动力反应时，采用 Matlab 计算软件，将抽象的单自由度反应解析解转化为形象生动的图形，有助于学生理解结构参数变化与反应之间的关系。在讲授隔震（振）时，通过开源有限元软件 OpenSees，设计一个多层结构和多层隔震结构，对比二者在相同地震输入情况下的反应。在讲授吸振器时，通过 VB 编程，设计一个两自由度结构，让学生形象地了解吸振器的工作机理。采用多元化的教学方式，有助于培养学生的概念分析思维。

3. 课程实践分析

在本课程教学实践过程中，改进了考核方式。课程考核坚持以学生为主体、以教师为主导，将考核分为两部分，即课堂展示和试卷考试，前者侧重于提升学生的综合能力，后者则注重基础知识和基本概念。

（1）课堂展示

课堂展示是一个发散性的考核，要求学生以本课程授课内容为主体，可通过文献检索介绍自己感兴趣的与动力学相关的知识点。在展示过程中，学生旁征博引，大多数学生将理论知识与工程实践相结合，讲述有条有理。图2给出了本次选课学生的课堂展示情况。

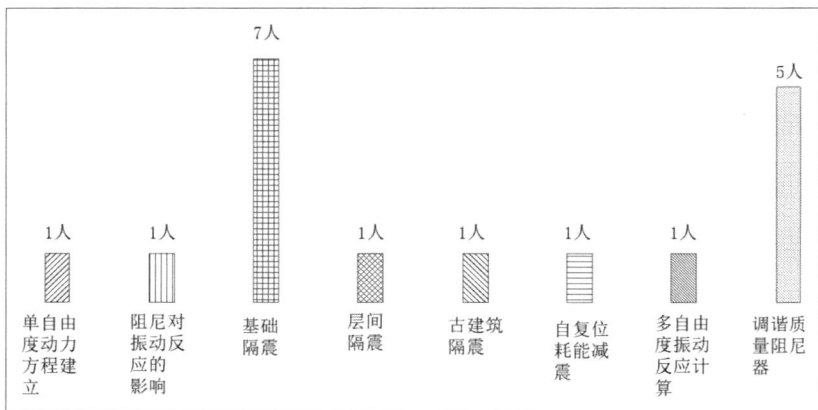

图2　课堂展示知识点分布情况

由图中可知，尽管学生感兴趣的内容分布比较分散，但从整体来看，感兴趣的知识点集中在结构振动控制，且内容多为结构动力学的工程应用，占选课人数的88.9%。而在结构动力学的工程应用中，除了1位同学的课题与自复位耗能结构相关外，其余15人的课题均与结构动力学不相关。从本次课程展示可以发现，学生更倾向于理论知识的工程应用，且对自主学习有更高的兴致。

（2）课程考核

期末考试试卷分为A、B卷，考试内容涵盖所讲授知识点的95%以上，考试时随机抽取。本次期末考试卷为试卷A卷，知识点及得分率如图3所示。从图3可以看出，学生对基本概念和单自由度振动特性的掌握最好，得分率分别为90.42%和93.53%；对分布质量体系振动特性的掌握程度欠佳，得分率仅为 61.57%。批改试卷后，笔者对失分情况进行了分析，从中发现，计算失误占失分率的 80% 以上；尽管有些考生失分，但其对考察的知识点依然有一定的认识。综合来看，学生对基础知识和基本概念掌握的比较牢固。

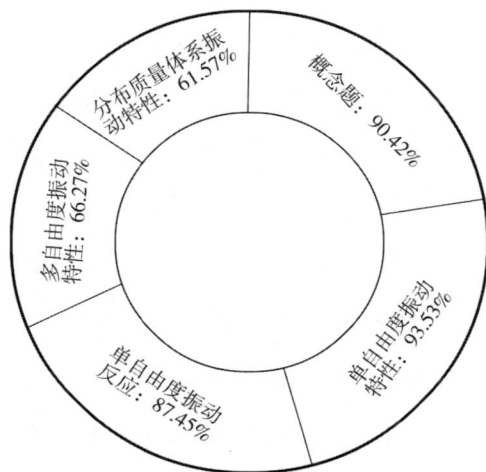

图3　试卷知识点及得分率

四、结合新工科建设的几点思考

1. 重视教材创新

关于结构动力学的教材五花八门，但总体上可归结为两类，即理论主导型和专题主导型，前者以 R. 克拉夫和 J. 彭津主编的《结构动力学》为代表，理论推导繁杂且枯燥无味；后者多是某一领域研究成果的专著，专题性较强，但在基础理论方面略有欠缺。研究生教材应不仅使学生掌握传统的学科知识，更应让学生对学科发展有一定的认识，拓宽学生的视野，激发学生的创新意识。结合土木工程专业发展的特点，可在教材编写方面进行一些创新：注重基础理论和基本概念的讲述，避免长篇枯燥繁杂的理论推导；注重工程背景与理论知识的联系；引入最新的结构动力学发展动态，开展专题讲授。

2. 注重教学与考核的平衡

在教学方面，传统"以教师为中心、以传授知识为目的"的教学方式往往达不到满意的教学效果，同时也不利于学生创新思维的培养。教学过程中，应注重基础理论和基本概念的讲授，减少繁琐的理论推导，这部分内容可作为感兴趣学生的自学部分。在课程教学之前，建议了解选课学生的课题情况，明白学生需要什么，然后进行教学设计。在知识讲授上，要注重理论知识背景的介绍，从工程实际出发，引出抽象概念。在学生掌握结构动力学的基本理论之后，可以有针对性地设计一些创新性课题（作业），如隔震的发展动态、结构振动控制的措施等。通过自主学习，有助于培养研究生的探索精神，激发创新意识。在课程考核方面，注重基础理论和基本概念的考核。

3. 增设教学实践

工程学科是一种实践性较强的学科，但目前研究生结构动力学课程教学仍以讲授理论知识为主。尽管研究生可以理解掌握理论知识，但多数为记忆型，依然不能够对理论知识有生动形象的理解。为培养理论知识扎实、实践能力强的高级工程技术人才，在研究生教学过程中可根据需求适当增设教学实践环节。例如，在讲授两自由度动力反应时，引入了吸振器，这恰好是土木工程中常用的调谐质量阻尼器的理论基础，而该技术又是新兴的振动控制措施。在教学过程中，可以多层建筑结构为对象，让学生参与设计调谐质量阻尼器，并验证其控制效果。又如，目前结构健康监测是一个热门行业，在讲授完相关理论知识后，如有条件，可以联系工程单位，带领学生现场参观实习。通过实地学习，更好地理解结构动力学的工程应用。通过这样的培养，可以提高研究生的创新能力和意识，有助于培养适应能力强的复合型高级人才。

4. 注重计算机编程的应用

结构动力学理论性强、公式多，在初学者眼中，这些公式只是一些数学符号，很难直观得到结构的变化规律。借助先进的计算机编程技术和有限元技术，可以将抽象的数学公式形象化，有助于研究生理解结构参数变化与反应的规律，有利于培养学生的概念设计。例如，在讲授单自由度有阻尼体系振动特征时，可以借助 Excel 表格公式或 Matlab 程序语言，建立起结构反应与阻尼比的关系曲线，形象地理解阻尼对结构反应的影响。又如，在隔震知识点讲授后，可以借助有限元软件 Sap2000 或开源有限元分析软件 OpenSees，让学生体会隔震后结构的反应，真实体验结构隔震的优越性。

结束语

以华侨大学土木工程专业为例，探讨研究生"结构动力学"教学实践，并结合新工科的理念进行了思考。对工程学科来讲，研究生的教学应注重基础知识和基本概念，授课教师应增强教学业务水准，与时俱进，采用多元化的教学方式；在教学过程中要避免"以教师为中心"，注重"以问题为导向、以成果为导向"；要重视教学过程，注重研究生创新思维和主动探索精神的培养。本文虽为个例，但反映出的问题和提出的建议却具有一般性、可移植性，可为研究生教学改革提供一定的借鉴。

参考文献

[1] R. 克拉夫，J. 彭津著. 王光宇译校. 结构动力学（第二版）

［M］．北京：高等教育出版社，2006.

［2］钟登华．新工科建设的内涵与行动［J］．高等工程教育研究，2017（3）：1－6.

［3］孙智，葛耀君．国际研究型大学《结构动力学》课程研究生教学比较研究［J］．教育教学论坛，2013（27）：58－60.

［4］鲁正，翁渝峰．中外土木工程防灾专业结构动力学课程比较研究［J］．高等建筑教育，2018，27（4）：13－17.

［5］陈清军，李文婷．结构动力学课程多元化教学方法探讨［J］．高等建筑教育，2015，24（2）：47－52.

［6］陈以一，张伟平．本科工程专业要立足于培养工程师——工程教育认证的"成果导向"理念与本科专业定位［J］．高等建筑教育，2019，28（3）：63－69.

［7］孙英浩，谢慧．新工科理念基本内涵及其特征［J］．黑龙江教育（理论与实践），2019（Z2）：11－15.

华侨大学　土木工程学院

基于 SPOC 的工程地质课程混合式
教学模式设计研究

周建烽

摘　要：SPOC（小规模限制性在线课程）深度融合线上教学与传统课堂教学，具有小规模、限制性、集约化等特点。在教育信息化背景下，分析工程地质课程对基于 SPOC 的混合式教学模式的需求，设计了基于 SPOC 的工程地质课程混合式教学模式，研究了混合式教学模式教学前期准备、教学活动实施、教学考核评价的具体落实形式，实现了教学全过程深度联动和知识创新，为高校相关专业混合式教学模式改革提供参考，以促进高校教学模式和教育理念深刻变革。

关键词：SPOC；工程地质；混合式教学；模式设计

一、引言

传统课堂教学在内容和方法上基本都循规蹈矩，学生主体地位得不到充分展现且较难兼顾学生间差异，不利于学生的个性化发展。教育信息化在增强国家创新力、提升国民素质等方面具有显著价值。《国家中长期教育改革和发展规划纲要（2010—2020年)》指出："信息技术对教育发展具有革命性影响，必须予以高度重视"。《教育信息化十年发展规划（2011—2020年)》则将教育信息化的地位提升到了一个前所未有的战略高度。

传统教育模式的滞后、互联网技术的进步、资源开放共享理念的形成等不断推动着教育信息化的发展。MOOC 以其开放、在线、大规模、自主学习、注重互动等特点得到了教育工作者的广泛关注，一时成为教育信息化的研究热点[1-3]。但 MOOC 也伴随着诸多弊端[4]：课程注册率高，但实际完成率低；学生基础水平与学习能力等参差不齐，使得教师备课要求高且难度大；过大的"生师比"使得学生获得教师直接指导的机会变少等。为了进一步提高在线教育的效果，SPOC 出现在教育工作者的视野中[5-8]。SPOC 的特点在于其在开放教育中利用小规模的、限制性的、在线的优质教学资源开展课程教学实践，深度融合了课程资源与教学设计。

工程地质课程旨在使学生掌握工程地质学的基本知识，正确认识和有效处理设计、施工、运营中的工程地质问题，进而保障工程建筑的安全稳定。工程地质课程主要内容包括矿物和岩石、地层与地质构造、水的地质作用、岩石与特殊土的工程性质、不良地质现象及防治、边坡工程地质问题、地基工程地质问题和工程地质勘察等。课程内容丰富、覆盖面广、实践性强、应用性强、学时少、教学难度大。本文聚焦工程地质课程教学，在教育信息化的大背景下，通过结合新兴在线课程类型 SPOC，研究基于 SPOC 的工程地质课程混合式教学模式。

二、基于 SPOC 的混合式教学模式

SPOC（Small Private Online Course）即小规模限制性在线课程，"Small"指学生规模一般在几十人至几百人之间，"Private"指设置限制性准入条件，申请者需达到准入条件才能参与 SPOC 课程[4]。相对于 MOOC

而言，SPOC 具有参与规模小、限制准入、课程成本低、课程互动多等特点，对于小规模化的群体教学更适宜[9]。混合式教学是将面对面线下教学和计算机辅助在线教学相结合，既能够有效发挥教师在教学中的引导作用、启发作用和监控作用，又能够充分挖掘和激发学习者的积极性、主动性和创造性[10-11]。

目前，SPOC 教学模式主要为校园内学生和在线学习学生设置。针对校园内学生，采用传统线下课堂教学与在线教学结合的混合式教学模式；针对在线学习学生，需要从所有申请者中筛选符合设定申请条件的申请者纳入 SPOC 课程[4]。笔者尝试将前者应用到工程地质课程教学中，促进高校工程地质课程教学改革。

三、工程地质课程对基于 SPOC 的混合式教学模式的需求

（一）对 SPOC 线上教学模式的需求

目前，针对工程地质课程，多数教师采用的是结合教材、利用诸如 PowerPoint 等工具直观讲解的传统线下课堂单一教学模式。但工程地质课程内容丰富，课时往往较少，这导致在教学过程中常常仅是讲解课程中的基本概念、原理，缺乏甚至没有师生深入探究的机会与时间。另外，对学生而言，学生常处于被动学习状态，课前准备不足、部分内容由于课时少只能安排学生自学等，这都不利于学生对工程地质知识体系的整体掌握和梳理。而线上资源众多，具有在线教育的灵活性和对时间、空间要求低等优势，强调了以"学"非以"教"为中心的价值取向，突破了课堂课时有限的不足，可以在很大程度上弥补以上问题。

（二）对线下课堂教学模式的需求

尽管线上教学模式可以弥补线下课堂教学模式的诸多不足，但单一线

上教学模式也很难让学生对工程地质课程中重难点问题产生深刻认识。此外，在工程地质课程中，矿物与岩石的肉眼鉴别、岩层产状的测量、地下洞室特殊地质问题的防治以及岩土工程勘察等实践性强的知识点贯穿于整个课程学习，学生通过线上学习完全掌握这类知识难度大。以线上学习岩石鉴别为例，线上视频只能通过讲述各种岩石的特点，辅以相关图片的方式，让学生辨认各种岩石。但这一方式很难让学生对沉积岩、岩浆岩、变质岩有直观认识，很难达到学生能够准确鉴别各种岩石的目的。而参加地质实习或课堂实物鉴别学习等线下学习模式则可以有效解决这一困难。另外，工程地质课程大都开设在低年级，学生还未深入接触土木工程专业课，难免会有部分学生学习进度慢、学习困难，线下学习有助于做好个别辅导，帮助学生树立学习信心的同时掌握工程地质课程的学习技巧与学习方法。

（三）对基于 SPOC 的混合式教学模式的需求

在工程地质课程教学中，完全的线上教学模式和线下教学模式都存在明显不足。采用基于 SPOC 的混合式教学模式，不仅能够有效改善单一线上教学模式在讲授实践性强和重难点知识等方面的不足，也能改善传统线下教学模式学生常处于被动学习状态、模式单一、有限课时等问题。此外，还能够提高学生的工程地质知识创新能力。工程地质知识创新是土木工程地质问题技术创新的基础，其目的是追求新发现、探索新规律、积累新知识，是为保障工程安全提供不竭动力。为了提高学生的工程地质知识创新能力，要求学生主观能动性能被充分调动。而目前的工程地质课程教学过程中存在的繁杂知识面与有限课时、直观讲授与被动接收等矛盾，限制了学生学习的弹性空间，阻碍了知识的释放与分享，不利于工程地质知识创新。基于 SPOC 的混合式教学模式利用课前知识预设、线上学习和课堂之中的知识生成、知识内化以及课后练学、自我反思，将以教师主导讲授的土木工程专业基础类教学课堂逐渐转变为以重视互动交流、知识分享与内化的新型课堂，更易于打开学生思维，产生思维碰撞的火花，促进工程地质知识创新。

四、基于 SPOC 的工程地质课程混合式教学模式设计

基于 SPOC 的混合式教学模式是 SPOC 线上学习模式与传统面对面课堂教学模式的融合创新。根据工程地质课程特点进行基于 SPOC 的混合式教学模式设计，如图 1 所示，主要包括教学前期准备、教学活动实施、教学考核评价三部分。

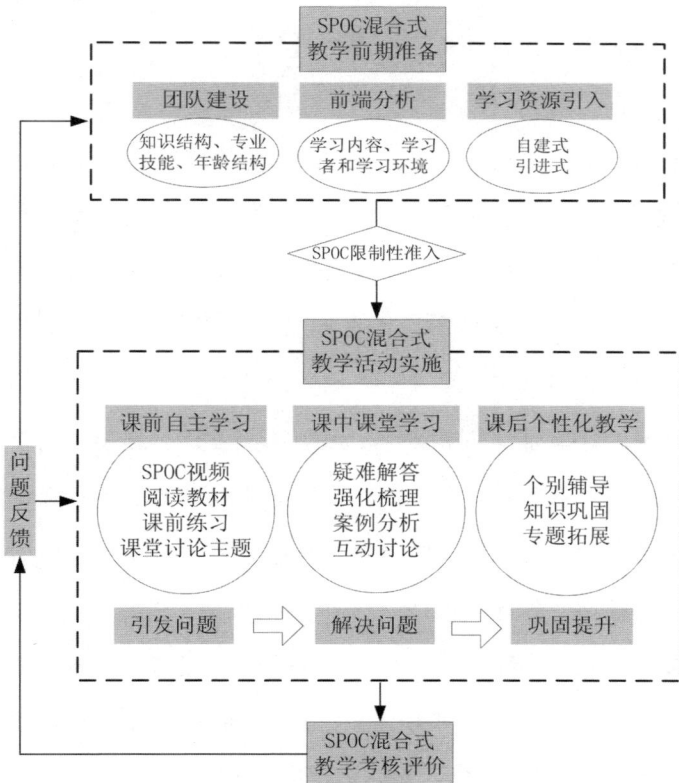

图 1 基于 SPOC 的工程地质课程混合式教学模式

（一）教学前期准备

基于 SPOC 的混合式教学模式设计的第一部分为教学前期准备，主要包括团队建设、前端分析和学习资源引入的设计。

团队建设：教师是教学改革中的关键性因素。工程地质课程内容丰富，所涉及的课题方向广，对教师的知识体系和能力要求很高，课程教师团队应具备合理的知识结构，包含地质学基础、边坡工程、基础工程等研究方向教师。针对混合式教学的特点，应注重培养团队成员线上教学平台使用、视频制作等线上教学技能水平，以及提高 PowerPoint 课件制作等线下教学相关的专业技能水平。此外，在年龄结构上，课程团队应符合增长型结构，以团队带头人为龙头，中青年教师为骨干，保障基于 SPOC 的工程地质课程混合式教学的长效性。

前端分析：教学活动开始前，教师根据学习者情况、课程学习内容及学习环境确定课程的教学目标。工程地质课程面向高校土木水利类或相近专业本科学生，主要内容包括矿物和岩石、地层与地质构造、水的地质作用、岩石与特殊土的工程性质、不良地质现象及防治、边坡工程地质问题、地基工程地质问题等，通过工程地质课程的学习，学生应达到以下主要目标：掌握工程地质学基本知识，正确认识设计、施工、运营中遇到的工程地质问题；具备独立分析、解决工程地质问题的能力；在情感态度目标方面，能激发学生对工程地质的学习兴趣，为今后学习其他岩土工程专业打下坚实基础。

学习资源引入：课程资源的引入可以采用引进式或自建式。引进式，即引进优质在线课程资源，例如中国大学 MOOC 平台中重庆大学王桂林教授的"工程地质"、同济大学石振明教授的"工程地质学"，好大学平台上的西安交通大学廖红建教授的"工程地质"。自建式，即建设自有 SPOC 课程，主要包括三个环节，即内容设计、视频制作和课程上线。在课程内容设计上，明确教学大纲、课前练习、课后巩固测试等具体内容。在工程地质课程内容设计环节尤其需加强以国际前沿案例为主体的工程案例库的建设，例如将"港珠澳海底沉管隧道""厦门地铁穿海隧道"和"危地马拉地陷"等国内外著名案例融入视频教学中，这不但能够凸显工程地质学科最新的发展动态且具有很强的适用性。在视频制作环节，教学视频应符合课程的学习目标，应能凸显教学重点和合理分布课程知识要点，并在教学视频中嵌入章节的学习反馈。此外，线上教学视频应具有合适的时长和清晰度，应设置合理的答疑环节，且需适合网络平台的技术要求。最终，经由质量评审合格后，SPOC 课程上线。引进式或自建式工程地质课程资源确定后，设置工程地质课程限制性准入条件：将工程地质课程的参与人数控制在 60 人左右，要求参与的学生有一定的数学基础和力学基础，参与学生能够确保每周 2—3 小时的在线学习时间，以及每周 2—3 小时的线上课程讨论和同学间互评时间。

（二）教学活动实施

教学活动实施主要包括课前自主学习、课中课堂教学和课后个性化教学。

课前自主学习：在开课之初，教师在平台上创建班级讨论组，并向学生介绍课程实施流程，帮助学生了解课程内容、教学方式和考核方法等。同时，在主页发布课程概述、课程开始结束时间、单元测试时间等其他课程相关信息。另外，为了能够保证学生的学习目标清晰，教师还需提供学习任务单，规定课前自主学习任务，具体包括观看 SPOC 视频、阅读教材、课前练习、课堂讨论主题等。以地下水的地质作用这部分课程为例，课程内容主要包括地下水的存在状态、物理性质、化学性质、基本类型、地下水的地质作用及地下水对土木工程的影响等，其中地下水对土木工程的影响是该部分知识的重难点，尤其是砂土液化、流砂以及管涌等与地下水相关的岩土工程地质问题的形成机制。基于课程内容设计的课前自主学习任务单包括：地下水的基本知识和地下水的地质作用等基本概念视频学习、教材阅读，完成"地下水的基本类型分类、存在状态"等课前练习，重难点："地下水对土木工程影响"，思考讨论题："砂土液化、流砂以及管涌的形成机制分析"。另外，教师要保证充足的平台在线时间，并利用微信、QQ 等即时通讯工具与学生保持有效联动，以指导和监督学生学习。学生明确学习任务和学习要求，根据自己每天的课程和时间安排，自由选择学习时间和地点。学生遇到疑惑及时通过平台交流区等方式向教师或其他同学求助，亦可将学习方法和经验分享在平台交流区。

课中课堂教学：课中课堂教学是内化知识的阶段，主要包括以下几个环节：（1）教师根据课前练习中存在的疑难点问题以及在课前学习中学生反馈的问题等，引导学生进行互动讨论和相互解答，并详细解答问题；（2）强化梳理课程的重难点，例如地下水对土木工程的影响、地基变形破坏机制、崩塌的形成机理、岩溶工程地质问题的防治、特殊土的工程问题防治等，加深学生理解、促进知识内化。（3）全班学生以小组的形式根据在课前自主学习中 SPOC 平台设置的讨论主题展开充分的讨论，每组由一人汇报讨论结果，教师在讨论后进行知识总结，该环节可培养学生专业研究能力和团队合作精神；（4）教师在课堂上分享与本周课程相关的国内外经典案例，并提出相关问题。学生依据所学知识，针对教师提出的问题按上述分组讨论，并汇报讨论结果，这一环节可增加学生对国内外经典案例的认识，培养学生处理突发岩土工程灾害诱发的工程事故能力；（5）学生提出特定主题学习要求，教师通过与学生课堂共同观看教学视频、现场交流互动等方式满足这一学习需求，以拓展学生的知识面、提高学生的学习主动性；（6）通过教师评价、学生互评方式对学生在作业汇报、知识应用和问题互动等方面的表现进行量化打分，检验课中学习效果。

课后个性化教学：课后个性化教学主要包括个别辅导、知识巩固、专题拓展。（1）个别辅导：工程地质课程大都开设在低年级，学生还未深入接触土木工程专业课，难免会有部分学生出现学习进度慢、对混合式教学模式不适应感强等问题，进而导致学生学习效果不佳。教师要在课后做好个别辅导，通过面对面传统教学模式开展针对性补充教学，帮助学生适应基于 SPOC 的混合式教学模式、梳理工程地质课程中的知识点、掌握学习工程地质课程的方法。（2）知识巩固：教师根据教学大纲、单元教学目标在 SPOC 平台上布置课后作业题、组织单元测试。学生在课后根据课堂中的教师讲解与互动讨论及时复习，并在 SPOC 平台上完成教师布置的作业、单元测试题，巩固知识并检验学习效果。针对在作业、测试题中遇到的问题，通过及时向教师反馈或同学之间协作探讨来解决。（3）专题拓展：针对课堂上学生提出的特定主题学习要求，适当选取部分主题，邀请校内外有关专家开展专题讲座学习。学生与专家、教师就主题内容展开互动交流，既拓展了知识面，又能够在专家帮助下产生思维碰撞火花，促进工程地质知识创新能力的培养。

（三）教学考核评价

为了能够公平的、客观的、全面的评价学生的综合素质和学习效果，基于 SPOC 的工程地质课程混合式教学模式课程考核应采用科学的、多元化的考核方式，将过程性评价与总结性评价有机地结合起来。教学考核评价体系由三部分组成：（1）线上视频完成情况、提交的课前课后作业结果、单元测评结果和参与讨论区的活跃程度等（35%）；（2）线下课堂出勤、课堂交流讨论、小组协作等表现情况（30%）；（3）课程期末考试成绩（35%）。值得一提的是，在教学过程中应根据基于 SPOC 的工程地质课程混合式教学的实施情况，根据线上线下学习情况的反馈意见，在实践中不断调整后续章节的设计方案，形成一个不断调整和完善的动态开放课程系统。

五、结语

基于 SPOC 的混合式教学模式，使信息技术与教育深度融合，真正实现"以学生为中心"的教学模式变革。本文分析了工程地质课程对基于 SPOC 的混合式教学模式的需求，将基于 SPOC 的混合式教学模式引入到工程地质课程教学中，研究了基于 SPOC 的工程地质课程混合式教学模式的教学前期准备、教学活动实施、教学考核评价的具体落实形式，实现了工程地质课程课前、课中及课后线上线下教学的深度融合，有助于学生从知识认知，到知识内化，再到知识升华这一学习过程的实现。该教学模式的探索还为高校相关专业实施基于 SPOC 的混合式教学模式改革，提供了一定的参考价值和实施借鉴。同时，为了在高校相关专业课程教学中能够深入应用 SPOC，工程地质教学者还需进一步探索问题与总结经验，并在教学实践中不断完善。

参考文献

[1] 王文礼. MOOC 的发展及其对高等教育的影响 [J]. 江苏高教，2013（2）：53 – 57.

[2] 郝丹. 国内 MOOC 研究现状的文献分析 [J]. 中国远程教育，2013（11）：42 – 50.

[3] 张策，徐晓飞，张龙，等. 利用 MOOC 优势重塑教学实现线上线

下混合式教学新模式 ［J］. 中国大学教学，2018（5）：37 – 41.

　　［4］康叶钦. 在线教育的"后 MOOC 时代"——SPOC 解析 ［J］. 清华大学教育研究，2014，35（1）：85 – 93.

　　［5］徐小凤，王祖源，张睿. 基于 SPOC 的大学物理课程实践效果研究——以同济大学的物理课程为例 ［J］. 现代教育技术，2016，26（3）：87 – 93.

　　［6］薛云，郑丽. 基于 SPOC 翻转课堂教学模式的探索与反思 ［J］. 中国电化教育，2016（5）：132 – 137.

　　［7］丁翠红. 多维互动的 SPOC 混合式教学模式研究 ［J］. 现代教育技术，2017，27（7）：102 – 108.

　　［8］刘杰，杨娟，廖雪花，等. SPOC 学习中学习者知识整合差异性研究 ［J］. 中国远程教育，2019（1）：36 – 46.

　　［9］关鑫. 公众普惠到私人定制——MOOC 到 SPOC 发展研究 ［J］. 高校图书馆工作，2015，35（1）：19 – 21.

　　［10］詹泽慧，李晓华. 混合学习：定义、策略、现状与发展趋势——与美国印第安纳大学柯蒂斯·邦克教授的对话 ［J］. 中国电化教育，2009（12）：1 – 5.

　　［11］何克抗. 从 Blending Learning 看教育技术理论的新发展（上）［J］. 中国电化教育，2004（3）：5 – 10.

华侨大学　土木工程学院

"双一流"建设背景下的大学战略规划及其制定

——以华侨大学为例

贺 芬

摘 要："双一流"建设背景下，大学面临更加复杂多变的发展环境。大学需要科学运用大学战略规划指引未来较长一段时期的发展。阐述"双一流"建设背景下大学战略规划的特点、任务，澄清我国大学对战略规划存在的认识上的误区，指出战略规划编制的原则和方法。结合华侨大学的发展现状，对规划编制工作提出若干建议。

关键词："双一流"建设；大学战略规划；大学

战略规划已成为我国大学普遍运用的管理工具，是大学事业发展的指南针和路线图，描绘发展过程中应对事业新常态的战略总纲，发挥凝聚共识、引领发展、调配资源的重要作用。一个好的、切实的战略规划能够引领大学新的方向，实现大学组织在新时期的跨越式发展。"双一流"建设是我国面向 21 世纪中叶的高等教育发展战略，为我国大学在新时期的发展带来机遇和挑战。在"双一流"建设背景下，大学应该更加重视规划在大学发展中的引领作用，把握国家"双一流"战略提出的背景，将"双一流"建设目标、任务与学校的发展相结合，制定出有效引领大学发展的战略发展规划。

一、"双一流"建设与大学战略发展

2015 年 10 月 24 日国务院印发《统筹推进世界一流大学和一流学科建设总体方案》，2017 年 1 月 27 日教育部、财政部、国家发展改革委联合印发《统筹推进世界一流大学和一流学科建设实施办法（暂行）》，2017 年 9 月 20 日三部委正式公布世界一流大学和一流学科建设高校及建设学科名单，我国进入"双一流"建设阶段。"双一流"建设是继"211""985"工程之后我国高等教育又一重大工程，是在我国经济社会已经达到一个较高水平，高等教育发展到一定规模的背景下提出，是一个面向 21 世纪中期，为实现高等教育强国建设目标的战略。"双一流"建设具有不同以往"211""985"建设工程的特点：建设周期长，覆盖面广，第一批"双一流"建设名单涉及全国 137 所高校；建设形式更为多元，既有一流大学建设高校，也有一流学科建设高校；建设模式更为机动灵活，原有建设项目和建设战略皆为终身制，而"双一流"则为动态淘汰制，五年为一个周期[1]。"双一流"建设更加强调大学技术创新、成果转化，服务经济社会和国家战略需求的能力，鼓励大学特色发展，也对大学现代治理能力提出更高要求。可以说，"双一流"建设对我国大学既是机遇也是挑战。

"双一流"建设是由国家自上而下提出的，需要一个从政策到行动的过程，大学是"双一流"建设的主力军。国家"双一流"建设启动之后，以"211""985"为代表的高校纷纷部署安排"双一流"建设推进方案，学校内部掀起撤并学科专业之风潮；部分非"211"高校也跃跃欲试、摩拳擦掌；相当部分的地方院校则依然按兵不动，保持观望姿态[2]。总体来看，我国绝大多数大学都希望把握"双一流"建设机遇，争取进入我国"双一流"建设高校行列，这也是我国大学在当前环境下的战略选择。现代大学组织比以往任何时候都表现出复杂性、多样性、分散性的特点，现代社会对大学管理提出更高要求，大学需要有更科学、更高效的管理手段来迎接当前"双一流"建设的机遇与挑战。大学组织需要制定出一个既立足自身实际又把握未来发展方向，引导大学发展的战略规划。战略规划是大学在面对复杂形势时所选择的符合自身发展要求、面向未来解决发展的深层次问题的工作方案。通过环境分析、优劣势评估，明确组织的目标和方向，为组织获取更高的成功几率。战略规划不只是一份文本，更是一种管理方式，在当前复杂多变的环境下，大学越来越需要通过战略规划发挥引领作用、凝聚作用、规范作用，保证大学发展符合社会预期与自身定位。

二、"双一流"建设背景下的大学战略规划

（一）大学战略规划的特点

1. 战略规划面向大学长远发展

战略规划，顾名思义体现组织全局性的远大目标。大学战略规划至少是对大学五年以上发展提出的愿景、使命、目标以及阶段任务。大学战略规划必须具有一定的超前性和预见性、前瞻性。只有这样，学校在未来发展中才能始终保持强劲的发展势头，不至于落后形势。大学战略规划面向大学长远发展，需要对社会形势（包括政策、社会思潮等）具有预见能力，对某一行业发展具有预见能力。国家"双一流"建设以支撑创新驱动发展战略、服务经济社会发展为导向，大学战略规划更需要在瞬息万变的

现代社会中遵循高等教育发展规律，把握社会对高等教育的需要以及国家高等教育政策，对学校自身发展做出前瞻性的判断。

2. 战略规划立足大学办学实际

大学战略规划的前瞻性需要立足学校现状。大学战略规划目标是服务大学自身发展，因此每个大学战略规划都是根据自身实际情况量身定制。虽然大学规划是面向未来，但大学的发展是一个历史性过程，大学过去的积淀是现在发展的基础。大学战略规划要考虑大学自身的历史情况，大学发展愿景、使命、目标必须是基于对大学办学历史与办学现状分析的基础提出的。因此，每一所大学的战略规划都是独一无二，无法复制的。在国家"双一流"建设背景下，大学更需要发展出自己的特色，这就要求大学在制定战略规划时对学校发展情况做出深入分析，制定出差异化发展战略。

3. 战略规划体现科学性与专业性

现代大学已经是一个复杂的巨型组织，它是一个高层次人力资本聚集的社会组织，是社会的高级文化组织，也是大规模的资源消耗组织。大学战略规划涉及经济、教育、社会、管理等领域的相关理论，具有很强的专业性。大学战略规划文本的形成是建立在对各类数据搜集分析基础上，体现严谨的科学性。目前，大学战略规划编制比较多运用 SWOT 分析法、OD 分析法，此外 TQM、波特五力模型等理论也被引入到大学战略规划编制方法中。在瞬息万变的现代社会，大学战略规划必将体现越来越高的科学性与专业性。

（二）大学战略规划的任务

一个好的战略规划可以引领大学抓住机遇实现组织发展。"双一流"

建设背景下的大学战略规划需要帮助大学解决以下几个问题：

1. 大学的目标定位问题

进入现代社会以来，目标对大学发展的作用越来越大，明确清晰的目标能够牵引大学发展，规划大学未来发展的方向、路径和措施。"双一流"建设背景下，我国大学未来面对的是一个更加多元竞争的发展环境。目标定位是大学面向未来发展的关键，帮助大学知道"去哪里"。大学战略规划就是帮助大学寻找面向未来较长一段时间的发展定位，引导大学的发展在一个目标链上持续进步，实现高效率、高质量发展，把大学引向成功。

2. 大学的资源问题

如果没有资源支持，大学战略规划中的目标也就成了无源之水、无本之木。大学越是涉入经济与社会的中心，资源消耗就越大，而对外部资源投入的要求就越高，并逐渐形成外部依赖性。于是，如何在资源竞争中获得更多投入，被普遍纳入大学战略规划之中。大学战略规划一个重要任务是为大学寻找更多的资源渠道。战略规划中的愿景描述能够为大学吸引更多社会资源，鼓励大学与社会有更多互动。战略规划在资源上的另一个重要任务是做好现有资源评估，与战略愿景紧密联系，紧密围绕战略目标，科学合理配置学校现有资源，做到有所为有所不为。

3. 大学的动力问题

激发大学管理干部、教师、学生的内在动力是大学更快更好发展的重要因素。大学组织内部的主体多元化，他们有着各自不同的利益诉求，让干部、教师和学生激情满满地投入工作和学习也是大学战略规划要解决的问题。大学战略规划具有凝聚人心的作用。通过谋划学校未来发展的美好图景，将学校的规划与个人的利益紧密相连，能够有效激发师生的内在动力，使广大干部、教师和学生自觉自愿全身心投入工作和学习。大学战略从制定到执行要遵循民主原则，是一个全员参与的过程。从上到下有效沟通，对学校未来发展形成最大共识，每个人都参与其中，使全校教职员工能够自觉地投身到学校发展的事业中去。

三、"双一流"建设背景下大学战略规划的制定

大学战略规划体现较强的专业性和科学性，但很多大学在具体实践中存在一些误区，导致大学战略规划无法发挥对学校发展的引领作用。大学战略规划制定要遵循一定的原则，运用科学的编制方法。

（一）大学制定战略规划存在的误区

大学在制定战略规划过程中有几个认识上的误区需要澄清。1. 战略规划不是向政府部门提交行政文书或公文。实践中往往把大学战略规划作为应付上级检查的文本材料，或者作为一份行政文书，制定好后将之束之高阁，并没有运用到指导大学办学的实践中去。故此，常常有人形容大学规划为"纸上画画，墙上挂挂"。2. 大学战略规划不是只有校领导才关心的事情。很多高校的战略规划都是校长、书记要做的，只有领导有积极性，其他人都不关心或并不真正关心。而且，学校大部分的管理干部、教师也认为战略规划是学校领导操心的事情。这种情况下，大学的战略规划仅仅停留在文本层面，难以得到有效执行。战略规划不仅仅是规划年的事情，不是一次性的工作。在实践中，很多学校的战略规划文本编制出来后就定稿了，等到下一个规划周期再重新制定新的规划文本。事实上，大学战略规划在规划周期里仍然需要调整。大学战略规划经历制定、实施、评估不同阶段。大学战略规划需要根据实施过程反馈的问题或者根据外部环境的变化做出相应调整。因此，大学战略规划不是仅在规划年里的一次性的工作。4. 战略规划不是学校某个部门的事情。大学战略规划关系到学校未来

全局发展，需要形成战略规划编制团队完成。战略规划编制团队由以校领导为核心的战略领导层，以各职能部门负责人组成执行层以及涵盖相关专业背景的工作人员组成。战略规划在编制、实施各个环节中都需要全校上下不同部门密切配合，相互协调。

（二）大学战略规划制定原则

1. 持续性原则

持续性原则是指编制发展规划既要坚持与学校中长期发展规划相协调，又要注意与学校已有规划的实施情况相结合，保证学校规划制定与实施的连续性和协调性。持续性原则主要体现在发展目标、发展任务和保障措施的持续性。规划中的阶段目标要与学校长远目标相一致，阶段性任务服务于阶段目标和长远目标，这样才能保证学校循序渐进地发展。

2. 发展性原则

发展性原则是指对学校发展的判断具有前瞻性，目标设定具有一定的超前性，对规划执行过程中可能出现的问题具有预见性。发展性原则体现在学校战略目标的设定、战略任务的安排上都要有利于促进学生乃至学校的自觉、主动、创造性的可持续发展。大学战略规划旨在推动大学内涵发展，提高教育质量，促进大学全面、协调、可持续发展。

3. 系统性原则

系统性原则是指制定过程要系统设计、统筹规划，既要处理好"质量、结构、规模、效益"的关系，也要协调好"改革、发展、稳定"的关系，切实建立起部门规划、专项规划以及年度计划与学校总体发展规划相互配套的体系，实现学校全面、协调、可持续发展。

4. 民主性原则

民主性原则是指参与对象广泛性、制定过程开放性、制定程序合法性。大学规划需要全校师生共同参与规划制定，这既是民主性原则的体现，也是规划科学性的保证。制定过程中广泛征求各方意见，注重沟通协调，能够保证规划的有效执行。在编制工作前期要深入考察本单位全体师生员工的发展要求。提高编制工作的透明度，促进发展规划编制工作的民主化。

5. 切实性原则

切实性原则是指规划的可实施性，发展目标、任务科学合理，保障措施到位，符合学校发展的实际情况。切实性原则还意味着大学战略规划需要具有一定的灵活性。大学战略规划不能变成僵硬的教条，而应该随着形势变化和学校自身发展不同提高认识，深化内涵，完善内容。大学战略规划中的具体指标也要留有一定的可延伸空间，避免将大学战略规划变成僵硬的教条。

（三）大学战略规划制定方法

1. 优劣势分析法（SWOT）

所谓优劣势分析法，即基于内外部竞争环境和竞争条件下的态势分析，就是将与研究对象密切相关的各种主要内部优势、劣势和外部的机会和威胁等，通过调查列举出来，并依照矩阵形式排列，然后用系统分析的思想，把各种因素相互匹配起来加以分析，从中得出一系列相应的结论，而结论通常带有一定的决策性。优劣势分析法是大学战略规划编制过程中比较常用的方法，可以对大学所处的情景进行全面、系统、准确的研究，从而根据研究结果制定相应的发展战略、计划以及对策等。

2. 全面质量管理法（TQM）

全面质量管理法是以质量为中心，强调全员参与，以系统工程、控制工程和行为工程为基础的一种管理方法，其目的在于长期获得顾客满意、保证组织成员和社会的利益[3]。全面质量管理法运用在大学战略规划编制过程中，能帮助大学准确确立战略目标，具有很强的操作性。大学在运用全面质量管理法制订战略规划时首先要明确大学内外部对象的需求，内部需求包括学生、教职员工的需求，外部需求包括国家、社会、社区以及家长等等。不同利益对象的需求确定后，这些需求就成为规划中的关键绩效指标，具有战略导向性。全面质量管理法的优势在于关注到大学不同利益相关群体的需求，以服务消费者的态度办学，是一种面向市场的战略思维。

3. 波特五力模型管理法

波特五力模型中的五力分别是：供应商（Suppliers）的讨价还价能力、购买者（Buyers）的讨价还价能力、潜在竞争者（Potential Entrants）进入的能力、替代品（Substitutes）的替代能力、行业内竞争者（Industry Competitors）现在的竞争能力。波特五力最初是用于指导工业活动中对组织环境的分析[4]。随着大学不但走向社会的中心，需要满足不同利益群体的需求，面对越来越激烈的竞争环境，这一模型也可以与大学的发展实际相结合。大学组织意识到这五种竞争力量，意味着大学在制定战略规划时是把自己置于一个开放竞争的环境中，看到大学之间的竞争互动关系以及高等教育市场的多元需求。自身的短板可能就为同一区域的其他大学发展创造机会，同一水平或区域大学的进步将对自身发展带来威胁，学生以及社会的需求和选择也对大学发展提出新的要求。运用五力模型管理法指导大学战略规划编制有助于大学采用以下战略：1. 优化成本战略。提高资源使用效率，降低成本。2. 差异化战略。形成不同于其他大学组织的优势和特色，服务特定群体，在竞争中独树一帜。3. 集中战略。高等教育有不同层次分类，集中战略明确大学定位和服务对象，将资源集中投入在特定类型中，强调顾客的特殊需求。

四、"双一流"建设背景下华侨大学战略规划制订

华侨大学是一所以"侨"为特色的综合性大学。学校在发展过程中仍存在许多具体问题和困难，包括内外部环境变化带来的挑战，与其他高校的竞争更加激烈，学校内部对"侨校"认同度降低以及体制机制运行过程中出现种种张力等。"双一流"建设背景下，华侨大学应发挥大学战略规划在学校发展中的引领作用，抓住机遇，应对挑战。

（一）做好环境分析，明确战略选择

华侨大学在编制战略规划过程中必须研究清楚学校所处的内外环境，包括宏观环境和微观环境。华侨大学的宏观环境涉及高等教育发展趋势，华侨华人群体的发展与变迁，国家统战工作的变化以及中国在国际社会上的影响力。微观环境主要是华侨大学内部的状况，包括历史和现实的各种影响发展的因素。在对学校发展环境分析判断基础上，华侨大学要选择适合自身发展的战略。战略选择一般可以从学校发展薄弱之处、优势之处，从社会发展新需要，学校事业发展新的增长点这些地方寻找[5]。"为侨服务"是华侨大学创办以来一以贯之的办学使命，在长期办学过程中逐渐成为学校的办学优势与特色。新时期下"为侨服务"被赋予新的内涵，国家统战工作有新的任务和要求，这些都为华侨大学发展带来新的增长点。同时，如何传承创新"侨校"特色也是华侨大学在"双一流"建设背景下发展的薄弱点。因此，不论发展优势还是薄弱环节，社会发展新需要还是学

校事业的增长点，"侨校特色战略"应该成为华侨大学新时期重要的战略选择。

（二）组建规划团队，科学部署分工

规划团队是大学战略规划编制工作顺利开展的关键。华侨大学战略规划团队应该由校领导牵头，相关职能部门负责人参与并集合高等教育、计算机、经济等相关背景的技术人员、规划人员组成的工作团队。在这个团队中校长是灵魂人物，他领导其他校领导形成学校未来发展战略，并将战略传递给学校的执行层。执行层由学校的中层管理干部组成，他们熟悉学校的运行机制，了解学校资源分配情况，能够有效地将领导团队的战略理念具体化，并确保战略的可行性与切适性。团队中的技术人员和规划人员是论证规划科学性、提供数据支撑的重要力量。专业人员需要充分收集内外部环境中影响学校办学的相关指标、数据，并对这些数据挖掘判断学校未来发展环境，这是学校制定具体战略目标、战略目标的重要依据。技术人员和规划人员还要尽可能地掌握全面、系统、关键的事实，要能对影响学校发展的氛围和人际关系做出准确的判断，这是运用定性分析方法对学校规划制定提供数据支撑。规划团队内部合理分工，明确任务，能够确保战略规划的科学性。

（三）加强动员宣传，鼓励全员参与

战略规划不只是校领导的事，也不仅仅是规划团队的事，而是需要学校全员参与，这样才能保证大学战略发挥预期的效果，最大化实现引领学校发展的功能。学校领导在酝酿学校未来较长一段时期的发展战略时就要与学校各职能部门、学院有充分的沟通交流，为战略的确定做准备。学校战略领导团队明确战略后需要在学校范围内通过不同形式广泛宣传，取得学校广大师生员工认同和支持。大学的重心在学院等教学科研单位，大学战略规划的实现最终要依赖教师、科研人员发挥主观能动性。以华侨大学的"侨校特色"战略为例，有一部分教职员工对"侨校特色"战略的认同度不是很高，甚至认为"为侨服务"是学校在特定历史时期的办学使命，不适应学校当前发展需要。在这种情况下，学校就应该广泛宣传，让学校教职员工看到新时代赋予华侨大学办好侨校的新使命，以及"侨校"特色战略对学校发展的战略性意义。战略规划只有得到学校师生员工的广泛认同，全员参与，大学战略规划的意义才能真正彰显出来。

（四）重视实施监控，及时反馈调整

大学战略规划试图回答大学在未来五年或者更长时间里大学要"做什么"的问题。当大学完成战略规划编制工作后需要落实"由谁做""怎么做"的问题。为了确保大学战略规划总目标的实现，还需要设计出战略规划实施专项，并进行项目管理。明确每个专项在大学内部各层次之间的人、财、物等各种办学资源的分配。战略规划的实施是一个不断完善的动态过程，在过程中要注意实施绩效与资源配置相挂钩，做好实施过程监控。大学战略规划实施不同阶段要确保评估工作有序进行，将学校内部不同部门系统引导到学校战略发展方向上。当前部门之间沟通不畅，资源无法有效共享是学校运行过程中存在的比较突出的问题，容易造成学校资源分散。因此，华侨大学在战略规划的引领下应该始终围绕战略目标，时时监测目标完成情况，及时反馈调整，确保学校战略规划沿着既定的轨道健康有序运行。

综上所述，国家"双一流"建设背景下，大学竞争更加激烈，大学需要更科学有效的管理方式引导学校朝着既定的发展目标前进。大学战略规划希望在瞬息万变的现代社会中把学校的前途和可预见的环境变化联系起

来，获得更多办学资源，成功完成大学的目的和使命。但也应该看到，大学战略规划本质上只是一种管理工具，也存在不足之处，并不能回答或解决大学发展过程中的所有问题。大学战略规划要发挥更大的作用还需要大学自身拥有更大的办学自主权，调整办学思维，激发自身主动性和能动性。

参考文献

［1］马跃．"双一流"建设背景下大学教师管理制度创新研究［J］．现代教育管理，2019（6）：91－95．

［2］刘兵飞，郑文．"双一流"建设：传统超越之思［J］．高教探索，2018（12）：5－9．

［3］"大学战略规划与管理"课题组．大学战略规划与管理［M］．北京：高等教育出版社，2007：150．

［4］"大学战略规划与管理"课题组．大学战略规划与管理［M］．北京：高等教育出版社，2007：151－152．

［5］别敦荣．论高等学校发展战略及其制定［J］．清华大学教育研究，2008（4）：13－19．

华侨大学　发展规划处

协同创新视阈下高校文科科研管理体制的模型构想与制度建设①

卢建华

摘　要：基于协同创新的理论背景，当前高校文科科研管理体制改革的核心就在于将影响哲学社会科学创新的多重因素与创新的多个面向和维度更好地协同起来。运用供给侧和需求侧关系，设计有利于协同创新的文科科研管理体制的模型，指出要构建能够充分反映社会需求的弹性组织管理体系，形成同行评价、市场评价和社会评价并行的发展型考核评价体系，以充分实现社会需求与人的发展的有效联结，进而推动哲学社会科学研究的创新发展。

关键词：高校文科科研管理体制；模型；协同创新

一、推进哲学社会科学领域协同创新的重要意义

十八大以来，以习近平同志为核心的党中央高度重视创新驱动发展，"大众创新、万众创业"已经上升到了国家战略的高度[1]。很多人都认为

---

①　基金项目：2016 年度全国教育科学规划课题"协同创新与高校文科科研管理体制改革研究"（EIA160467）。

创新主要是指科技创新，与哲学社会科学无关。然而，在知识论的视角下，创新却并非一个自然科学的概念，它并非仅指高新科技的发明或改进[2]。事实上，人们往往忽视观念世界潜移默化的更新，而更加关注物质世界显而易见的变化。哲学社会科学的研究推动着人们思想和观念领域的革新，思想试验的特点就是影响因子多元化、作用时间长、成效显现隐蔽且以其他物质形式呈现。

一个不可忽略的事实是，缺乏自由创新的思想市场将直接导致科技创新的乏力，这早已成为制约中国经济社会转型的致命软肋。习近平总书记在哲学社会科学工作座谈会上的讲话中郑重指出，"哲学社会科学是人们认识世界、改造世界的重要工具，是推动历史发展和社会进步的重要力量，其发展水平反映了一个民族的思维能力、精神品格、文明素质，体现了一个国家的综合国力和国际竞争力……哲学社会科学具有不可替代的重要地位，哲学社会科学工作者具有不可替代的重要作用。"[3]因此，哲学社会科学不但是创新的题中之义，而且对创新的需求更加迫切。

创新是多方面的，既包括科技创新，也包括理论创新、观念创新、制度创新和文化创新。协同创新从根本上来说就是要激发创新资源和要素的有效融合和汇聚，打开创新资源和创新要素之间的藩篱，充分释放创新要素活力，实现各创新主体间的深度合作。高校作为重要的创新主体，基于协同创新理论探索文科科研管理体制变革，对推动和实现我国哲学社会科学的大繁荣和大发展具有重要的现实意义。

二、协同创新背景下高校文科科研管理体制的四维模型构想

影响创新的因素主要有二：人的因素和制度的因素。首先，一个社会的创新水平关键在于该社会中是否有足够比例的人具备创新能力；其次，有了具备创新能力的人，还要看该社会能否为其提供有效的激励。无论是人

的因素，还是激励的措施，都取决于影响创新的制度因素[4]。而一个高校哲学社会科学的创新水平，根本在于人才培养，关键在于构建一套能够充分发挥文科学者创新活力的制度模式，高校文科科研管理体制就是这套创新制度中最为关键的一环。创新的多个面向和维度要求我们必须更加注重协同创新。所以，当前高校文科科研管理体制变革的核心就在于如何将影响创新的多重因素与创新的多个面向和维度更好地协同起来。协同创新本质上就是要实现创新资源和要素的有效融合和汇聚，释放各创新要素的活力，使各创新主体达成深度合作。基于协同创新的这一基本要求，根据在高校工作的实际情况，笔者设计了基于协同创新背景的高校文科科研管理体制模型构想（详见图1），即围绕高校科研管理这个枢纽，围绕影响高校文科创新的部门（政府部门、企事业单位）和群体（科研人员）。从高校角度来看，政府部门、企事业单位是创新的主要需求侧，创新的供给侧既包括高校科研人员，又包括企事业单位和政府部门自身的研究人员。但是我们又必须将创新的供给侧从人的发展的角度来考虑，即无论是成熟的高校科研人员，还是企事业单位、政府部门的研究人员大都源自于高校培养的人才。

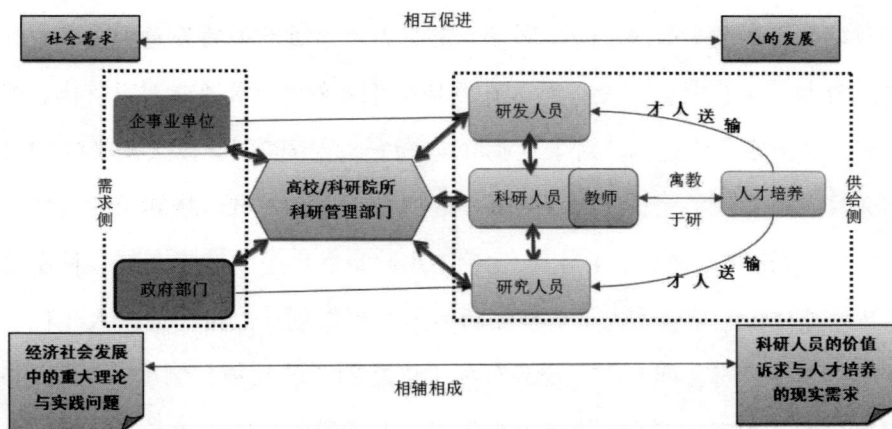

图1　协同创新视阈下文科科研管理体制的模型构想

（一）哲学社会科学创新的"需求侧"

第一，政府部门。2019 年是中华人民共和国成立七十周年，中国正处在全面建成小康社会的决胜阶段，创新已经上升到了国家战略高度。习近平总书记在十九大报告中 57 次提到创新，把对各级党政管理部门的创新要求提到了前所未有的高度。报告中不但鼓励社会大众积极投身科技创新、理论创新、实践创新、制度创新、文化创新、文艺创新以及其他各方面创新，更要求全体党员干部积极探索创新发展战略、创新社会治理、创新对外投资方式、创新监管方式、创新生产经营机制、创新群众工作体制机制等[5]。现在各级政府部门都在贯彻落实十九大报告中所提出的创新要求，而这些创新是需要社会全体人员共同参与的，尤其是理论创新、制度创新、体制机制创新、文化创新、文艺创新等，是文科学者的主要研究领域，也是文科学者进行创新研究的主攻方向。因此，高校文科科研管理部门必须紧紧抓住政府部门对于创新需求的迫切性，根据自身条件，将创新需求和创新供给衔接起来。

第二，企事业单位。创新是一个企业能否存活下去的关键所在，尤其在"互联网＋"时代，没有创新随时都有可能被时代所抛弃。所以企业单位对创新需求最为迫切。对于事业单位来说，人力资源社会保障部在 2017 年 3 月发布了《关于支持和鼓励事业单位专业技术人员创新创业的指导意见》（人社部规〔2017〕4 号），明确指出政策宗旨是"激发高校、科研院所等事业单位专业技术人员科技创新活力和干事创业热情，促进人才在事业单位和企业间合理流动，营造有利于创新创业的政策和制度环境"，并大力"支持和鼓励事业单位选派专业技术人员到企业挂职或者参与项目合作""支持和鼓励事业单位专业技术人员兼职创新或者在职创办企业""支持和鼓励事业单位专业技术人员离岗创新创业""支持和鼓励事业单位设置创新型岗位"[6]。因此,高校文科科研管理部门必须紧跟企事业单位对于制度创新、文化创新等创新需求的迫切性,有的放矢、多方互联,实现社会创新需求和科研人员社会价值实现的无缝对接。

(二)哲学社会科学创新的"供给侧"

1. 高校文科科研人员

习近平总书记在文艺工作座谈会上的讲话中指出,"繁荣文艺创作、推动文艺创新,必须有大批德艺双馨的文艺名家。要把文艺队伍建设摆在更加突出的重要位置,努力造就一批有影响的各领域文艺领军人物,建设一支宏大的文艺人才队伍。"[7]要推动我国哲学社会科学的繁荣发展,就必须要建设一支创新意识强、能力强的高水平人才队伍。高校是哲学社会科学研究的主阵地,也是哲学社会科学创新人才的聚集地。以国家社科基金年度项目为例,2019 年全国各系统共申报 29452 项,其中高校就申报了25987 项,占申报总数的 88.2%;从立项情况来看,2019 年共正式立项4627 项,其中高校系统 4032 项,占立项总数的 87.1%[8]。目前,各个高校都在采取措施激励科研人员的创新活力,在物质上不惜重金给予奖励,在精神上赋予各类荣誉头衔,但笔者认为,创新的根本动力在于高校科研人员自身,在于学术研究活动本身,因为创新是学术研究的题中之义,是学术研究的本质所在。而高校科研人员进行创新性研究,不过是尽了自己的本分。从高校科研人员自身来说,创新是任何一个有学术追求的学者毕生所追求的事情,是其人生价值实现的最高体现形式。因此,高校文科科研人员有充分的动力和诉求进行创新。

2. 高校培养的创新创业人才

培养不同层次的各类人才是高校最根本的任务,也是一所高校最本质的职能。在国家"大众创业、万众创新"的号召下，全国高校纷纷出台措施鼓励学生开展各种形式的创新活动，并通过建立创新创业学院来鼓励学生投身创新活动或创业实践。据统计，目前全国已有 120 所高校、31 家企业加入了中国高校创新创业学院联盟[9]。可以说，国家创新体系的建立和持续发展，有赖于高校不断输送各种层次的创新人才；也可以说，哲学社会科学的繁荣和文艺创作的蓬勃发展，有赖于高校文科教研能力、创新水平的不断提升和持续推进。因此，在教学和科研的辩证统一关系中，有必要将创新人才培养的这一重要职能纳入高校创新体制改革和高校文科科研管理体制改革的进程之中。

（三）高校文科科研管理部门的枢纽作用：联结社会需求和人的发展

不同于理工科学者的研究，大部分人文社会科学的研究更偏向基础性，按照哈耶克的说法，其知识形式并非静态给定的，而是分散的、默会的、不断更新的，而其知识的运用、存续和生产所依赖的是从无序到协调的自发、动态的过程[10]。这就意味着，文科科研工作者不会像理工科学者那样能够很明显地将自己的科研活动自觉地与社会中某种先见的技术需求相结合，甚至有些文科研究工作是要几十上百年才能显现出其价值，比如马克思的思想，在两百年后的今天仍然不失其真理本质；还有些文科研究工作，其意义和价值永远不会过时，正如习近平总书记对马克思主义的评价，"无论时代如何变迁、科学如何进步，马克思主义依然显示出科学思想的伟力，依然占据着真理和道义的制高点"[11]。基于文科研究"即时回报性低"的这一特点，政府尤其需要对其进行扶持，所以资助文科学者研究的各级社科规划项目、重大委托和招标项目就成为文科学者获得支持的主要来源和方式，这就需要高校文科科研管理部门发挥枢纽作用，将文科学者的自发创新动力、自身发展诉求与当前社会发展的重大理论和现实需求联结起来。

三、制度建设：构建基于协同创新的文科科研管理体制

基于文科科研管理体制变革的四维模型，我们认为哲学社会科学的创新研究应鼓励高校充分联系社会需求，加强与政府部门、企事业单位的有效联系和协同，推动建立能够充分反映社会需求的弹性组织管理体系；同时，高校文科科研人员是保证哲学社会科学创新研究的关键和根本，在进行科研评价时，要更加注重人的发展需要，形成基于同行评价、社会评价的发展型考核评价体系（见图2），激发文科学者的学术生产活力，积极利用协同创新方式促进文科科研管理体制的变革。

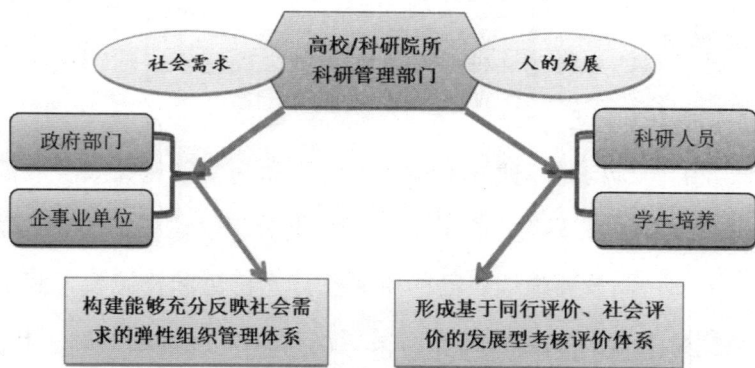

图2　实现社会需求与人的发展有效联结的文科科研管理体制示意图

（一）联结社会需求：构建能够充分反映社会需求的弹性组织管理体系

习近平总书记在哲学社会科学工作座谈会上的讲话中指出，"各级党委和政府要发挥哲学社会科学在治国理政中的重要作用。"[12]哲学社会科学研究直面当前我国经济社会发展所面临的很多重大现实问题和重大理

论问题，甚至是人类社会所面临的现实问题和未来发展问题。这些问题的研究和解决，单纯依靠个人或某个单独的部门的研究力量是无法完全解决的，因此高校应充分发挥其智囊团的作用，为政府部门和企事业单位提供智力支持。习近平总书记在讲话中还指出，"要搭建哲学社会科学创新平台，推进哲学社会科学各领域创新，努力构建中国特色的社会科学体系。"[13] 所以，高校文科科研管理的组织模式必须根据当前社会所要解决的重大现实和理论问题，结合高校文科学者研究实际，以学科前沿发展为导向，搭建哲学社会科学创新平台，建立弹性的组织管理体系。当前高校文科科研管理体制一般为直线式或职能式的组织模式，这种组织模式的优点在于简单高效、权责明晰、专业性强，这种组织模式在一些理工类高校或者文科研究规模较小的高校是比较合适的，但是在国家大力提倡繁荣发展哲学社会科学的今天，在社会大众对哲学社会科学创新需求如此旺盛的今天，这种对外界变化刺激反应较弱的刚性组织模式已经很不适合了。

今天我们亟待构建一种能够对外界变化和刺激迅速高效反应的弹性组织管理模式（见图3）。一方面，按照专业分工组建稳定的专业管理部门；另一方面，高校要根据自己的研究优势、特色和资源要素建设哲学社会科学创新平台。专业管理部门负责高校文科科研人员的工作调度、业务指导，而哲学社会科学创新平台负责人对文科科研工作者负领导责任，通过组织协调使文科学者为哲学社会科学创新研究这个共同目标而努力。这种组织管理体系适应性强，机动灵活，富有弹性，管理模式既有利于专业团队管理，又利于加强团队部门协作，有力激活创新资源和创新要素，能够充分满足当前我国构建哲学社会科学创新体系的需求。

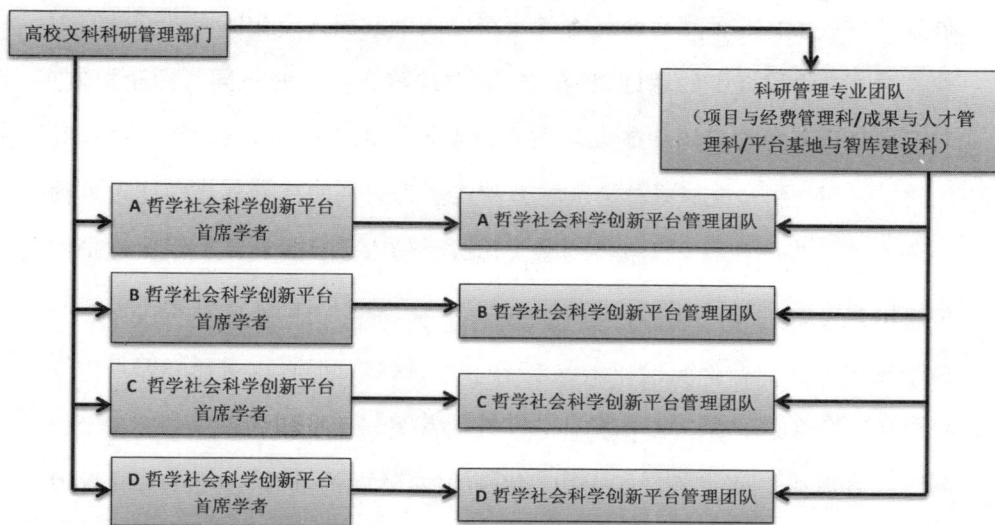

图3　充分反映社会需求的文科科研管理弹性组织管理体系示意图

（二）注重人的发展：形成同行评价、市场评价和社会评价并行的发展型考核评价体系

马克思·韦伯认为，科学研究归根结底是人的激情所促发的一种理智活动。科研考核评价体系的关键在于如何将"激发科学工作的稳定的、必然的动力与突发的、偶然的活力结合起来"[14]。然而，当前中国高校一般都采用量化指标考评体系的方式来决定科研人员的职称等级、科研绩效奖励和聘期任务完成情况。纳入这种量化指标的一般有：发表论文的等级和数量，获得科研项目的等级、资助额度和项目数，获得科研优秀成果的级别、等级和数量。这种一刀切的硬性指标考评体系会使得高校文科科研人员倾向于更多更快地发表论文、争取项目和奖项，会减少他们深入思考重大理论和现实问题的时间、精力和所必需的积淀，会减少与同行、政府、企事业单位之间的协同合作，最终会导致研究成果严重脱离社会需求，缺乏学术积累和沉淀，难以实现某一领域的理论

创新和突破。

对于文科研究中的基础研究，应更加注重并逐步健全同行评价机制；对于文科研究中的应用性研究和技术开发性研究，应引入市场评价机制。同时，针对文科研究成果社会影响力和传播力较强的特点，还应注重其社会评价（目前已有部分高校将网络文化成果纳入了评价体系）[15]。这种同行评价、市场评价和社会评价并行的考核评价体系，更加注重理论创新和实际应用价值，能够有效解决"重数量轻质量、重形式轻内容"的评价方式存在的痼疾，缓解当前高校"重科研轻教学"的高校人才培养难题[16]。同时，这种基于同行评价、市场评价和社会评价的考核评价体系能够充分考虑到文科研究周期长的特点和教师职业生涯发展的需要，实现了评价方式从重绩效到重发展的转变[17]，体现了以人为本的人才观，将会有力推进高等学校文科研究的健康发展，促进我国哲学社会科学研究的长期繁荣和持续创新。

参考文献

[1] 中共中央. 中国共产党第十八届中央委员会第五次全体会议公报 [DB/OL]. http：//www.xinhuanet.com/politics/2015-10/29/c_ 1116983078.htm.

[2] 埃德蒙·费尔普斯. 余江，译. 大繁荣——大众创新如何带来国家繁荣 [M]. 北京：中信出版社，2013：28.

[3] 习近平. 在哲学社会科学工作座谈会上的讲话 [DB/OL]. http：//www.xinhuanet.com/politics/2016-05/18/c_ 1118891128.htm.

[4] 汪毅霖. 创新的经济学逻辑 [J]. 读书，2017（9）：22.

[5] 习近平. 决胜全面建成小康社会 夺取新时代中国特色社会主义伟

大胜利——在中国共产党第十九次全国代表大会上的报告［DB/OL］. http：//www. xinhuanet. com/2017 – 10/27/c_ 1121867529. htm.

［6］人力资源社会保障部. 关于支持和鼓励事业单位专业技术人员创新创业的指导意见［Z］. 2017.

［7］习近平. 在文艺工作座谈会上的讲话［DB/OL］. http：//www. xinhuanet. com/politics/2015 – 10/14/c_ 1116825558. htm.

［8］全国哲学社会科学规划办公室. 2019 年国家社科基金年度项目和青年项目立项结果公布［DB/OL］. http：//www. npopss – cn. gov. cn/n1/2019/0712/c219469 – 31231470. html.

［9］山东大学. 中国高校创新创业学院联盟成立大会暨中国高校创新创业学院发展论坛在山东大学举行［DB/OL］. http：//www. view. sdu. edu. cn/info/1003/105188. htm.

［10］F. A. Hayek, The Knowledge In Society［J］. The American Economic Review, 1945（4）.

［11］习近平. 在中共中央政治局第五次集体学习时的讲话. 2018.

［12］习近平. 在哲学社会科学工作座谈会上的讲话［DB/OL］. http：//www. xinhuanet. com/politics/2016 – 05/18/c_ 1118891128. htm.

［13］习近平. 在哲学社会科学工作座谈会上的讲话［DB/OL］. http：//www. xinhuanet. com/politics/2016 – 05/18/c_ 1118891128. htm.

［14］渠敬东. 学术生活是一场赌博？［J］. 读书, 2017（12）：81.

［15］浙江大学. 浙江大学优秀网络文化成果认定实施办法（试行）［DB/OL］. http：//www. thepaper. cn/baidu. jsp? contid = 1796477；吉林大学. 吉林大学网络舆情类成果认定办法（试行）［DB/OL］. http：//law. jlu. edu. cn/? mod = info&act = view&id = 13597.

［16］教育部. 关于进一步改进高等学校哲学社会科学研究评价的意

见［Z］.2011.

［17］范跃进.改革开放以来高等学校人事政策的演变趋势［J］.国家教育行政学院学报，2017（9）：18.

华侨大学　社会科学研究处

教育国际化背景下
中国高校境外办学之风险防范

彭春莲

摘　要：教育国际化是全球必然趋势。扩大教育开放作为我国的教育战略，不仅包括"请进来"，也包括"走出去"。中国高校"走出去"，谋求境外发展体现了国家实力的增强，说明中国高等教育的发展水准已经在一定程度上为其他国家所认可。中国高校"走出去"发展海外分校的时间短，经验不足，既有发展机遇，也存在巨大挑战。引导中国高校理性"走出去"还需要政府顶层设计，确立合理的战略目标和定位。为确保中国高校海外办学的可持续发展，要构建多元化筹资模式，还要科学设置适应当地经济社会发展的专业课程，制定应对重大事件的应急预案，防范各种潜在风险。

关键词：教育国际化；中国高校境外办学；风险防范

引　言

世界贸易组织《服务贸易总协定》（General Agreement on Trade in

Services，GATS）将教育归为服务贸易的组成部分。从世界范围看，教育服务贸易已经形成了以欧美等发达国家为主要输出国，以发展中国家为主要输入国的格局①。中国教育国际化之路，从最初的"请进来"到现在的"走出去"，从最初的"项目合作"到现在的"机构落地"，从"合作办学"到"境外办学"，创办境外分校，体现了中国高等教育国际化水平的逐步深入。

近年来，随着中国高校境外办学取得初步成果，更多的高校也尝试在境外办学。如老挝苏州大学、厦门大学马来西亚分校、北京大学汇丰商学院英国牛津分校、同济大学意大利佛罗伦萨海外分校等相继成立。

在教育国际化趋势的背景下，中国高校"走出去"的时间短，经验少，未来将面临哪些机遇和挑战？扩大教育开放作为一项国家教育战略，在引导中国高校"走出去"的同时，还需要政府进行顶层设计，解决境外办学的战略和发展定位问题，确保境外办学具有可持续性，减少潜在的各种风险。

一、高校境外办学相关概念的界定

扩大教育开放是我国教育改革和发展规划纲要的一项重要内容②。扩

---

① 截至 2015 年 10 月 14 日，世界上共有 230 所大学海外分校在运行中，24 个在筹建中，27 个已经关闭；共有 32 个大学海外分校输出国，75 个输入国；输出大学海外分校较多的为美国（81个）、英国（37个）、俄罗斯（20个）、澳大利亚（15个）；较多的输入国为阿拉伯联合酋长国（32个）、中国大陆（27个）。参见薛卫洋，《国外大学海外分校发展的特点分析及经验借鉴》，《高等教育管理》，2016，10（4）：85-90。

② 《国家中长期教育改革和发展规划纲要（2010-2020）》第 16 章"扩大教育开放"中，提出要加强国际交流与合作，提高我国教育国际化水平。适应国家经济社会对外开放的要求，培养大批具有国际视野、通晓国际规则、能够参与国际事务和国际竞争的国际化人才。推动我高水平教育机构海外办学，加强教育国际交流，广泛开展国际合作和教育服务。支持国际汉语教育。提高孔子学院办学质量和水平。加大教育国际援助力度，为发展中国家培养培训专门人才。

大教育开放作为一项国家教育战略，不仅包括"请进来"，也包括"走出去"。

所谓"请进来"是要引进和利用国外的优质教育资源，主要适用的是国务院《中外合作办学条例》。例如，上海纽约大学、宁波诺丁汉大学、西交利物浦大学等均是经审批通过的中外合作独立大学。

所谓"走出去"是指我国高水平教育机构境外办学。目前，国家尚未出台引导中国高校境外办学的行政规章，仅有教育部《关于做好新时期教育对外开放工作的若干意见》和《推进"一路一带"教育行动》等指导性意见，要求实现"一带一路"国家国别和区域研究全覆盖。

教育国际化是包含"请进来"和"走出去"双向的教育活动，其中涉及若干易混淆的概念："中外合作办学""境外办学""创办海外分校"等，有必要厘清这些概念的内涵和外延，避免混淆。

（一）中外合作办学

所谓中外合作办学是指外国教育机构同中国教育机构在中国境内合作举办的，以中国公民为主要招生对象的教育机构的教育活动。

中外合作办学是"请进来"的主要形式，主要包括成立中外合作办学机构及签约中外合作办学项目，均须由教育部审批。目前国外高校与中国高校合作，在中国境内举办的办学机构或项目共计2600多个，其中一半以上是本科以上学历层次①。

---

① http://www.jsj.edu.cn/n2/7001/12107/1105.shtml。教育部长陈宝生 2018 年 3 月在接受俄罗斯金砖电视台、阿尔法电视台记者采访时，谈中外合作办学和教师队伍建设时，谈到我们和一些国家的合作办学情况：目前国外高校与中国高校合作，在中国办了 2600 多个办学机构和项目，其中 1324 所是本科以上学历层次。强调现在要"请进来"和"走出去"并重。中国教育部教育涉外监管信息网。访问时间：2018 年 5 月 19 日。

（二）境外办学

"境外办学"是"走出去"的主要形式。所谓"境外办学"，是指中国高等学校独立或者与境外政府机构、具有法人资格并被所在国家认可的教育机构进行合作，在境外举办的，以非中国公民为主要招生对象的，实施高等学历教育或非学历教育的教育教学活动。

中国高校"走出去"办学是中国高等教育事业的组成部分。开展境外办学的中国高校，本文称为"境外办学者"；与中国高校合作开展境外办学的机构，称为"境外合作者"。

境外办学有广义和狭义之分。广义的境外办学还包括境外合作项目，是中国高校与境外某国政府或其教育机构签署项目合作协议，以项目合作的方式招收境外学生，按照中国高校的培养方案培养境外学生，对于符合和满足中国高校相应的授予学位要求的境外学生，授予中国高校的文凭。这种境外合作项目，通常无须根据东道国法律进行注册，无须成立专门教育机构，而是以项目合作的方式招收境外学生。比如，华侨大学法学院与澳门镜海学园根据协议，进行了长达20多年的合作，这种合作就是一种项目合作。境外合作方澳门镜海学园在澳门负责招生和日常教学管理，华侨大学法学院委派教师赴澳门集中授课，学员多为澳门籍在职司法警察或政府公务员，经各科考核成绩合格，符合华侨大学学位授予条件的，可颁发华侨大学本科或研究生学历证书。合作办学的收益由双方根据协议进行分配。狭义的境外办学，主要指创办境外分校，这须根据境外东道国法律的规定依法注册成立教育机构，并接受东道国政府的监管。

（三）创办境外分校

创办境外分校是境外办学的一种主要形式。创办境外分校须依据所在国法律的规定，注册成立相应的教育机构，接受所在国政府的监管；该注册的境外教育机构举办主体为中国高等学校，投资形式包括中国资本投资、所在国资本投资和双方联合投资；通常使用主办高校的名称，如厦门大学马来西亚分校、老挝苏州大学、北京大学汇丰商学院英国牛津分校等；学历层次包括专科、本科、研究生，学位层次包括学士、硕士、博士；教育方式须包含一定年限的面授学习，学生毕业后将获得主校学历与学位证书。

本文所指境外办学，主要是指狭义的境外办学，即中国高校到境外创办分校。

二、尝试与探索：中国高校创办境外分校的实践

根据世界贸易组织《服务贸易总协定》，不同国家之间教育方面的合作交流是一种服务贸易。当教育发展到一定程度，资源必然从教育水准较高的地方向教育水准较低的地方流动，这是必然趋势。教育国际化已经成为教育发展的一种全球性趋势。中国高校从"请进来"到"走出去"，谋求海外发展，说明中国高等教育的发展水准已经在某种程度上为其他国家所认可。

（一）孔子学院迈出了中国创办境外教育机构的第一步

作为国家层面的行为，孔子学院可以说是中国教育"走出去"的一种尝试。截至2019年12月底，中方290所高校优选万名专业教师和志愿者在世界各地任教，全球162个国家和地区举办了550所孔子学院和1172个孔子课堂，3万多所中小学开设中文课程，4000多所大学设立中文院系或课程，4.5万所华文学校和培训机构开展中文教育，全球学习中文的人数

超过 2500 万人①。孔子学院创办十几年来，坚持"增进世界人民对中国语言和文化的了解，发展中国与外国的友好关系，促进世界多元文化发展，为构建和谐世界贡献力量"的创办宗旨，在中外教育交流合作方面，取得了令人瞩目的成绩。尽管孔子学院是以开展汉语教育为主的国际交流机构，并非严格意义上的中国高校发展的境外分校，但其开启了我国创办境外教育机构的开端，也积累了宝贵的经验。

（二）国内高校逐步迈开创办境外分校的步伐

2011 年 7 月，经中国、老挝两国政府批准，老挝苏州大学在老挝首都万象正式注册成立。2012 年老挝苏州大学开始招生，首届开设国际经济与贸易、国际金融两个本科专业，同时开展汉语言培训。老挝苏州大学开创了国内高校"走出去"办学的先河。此后，其他高校也逐渐迈开了海外办学的步伐。

2012 年 10 月，厦门大学马来西亚分校（Xiamen University Malaysia）在马来西亚注册成立。2015 年秋季开始迎来首批 203 名新生，采用英语教学，开设信息科学与技术、海洋与环境、经济与管理、中国语言与文化和医学五个学院，所授学位得到中国和马来西亚两国教育部的认证。

2018 年 3 月北京大学英国校区正式启动。这所位于英国牛津的"一塔湖图"北京大学牛津新校区，教育界用"史无前例"来形容它，因为它是中国大学第一次在发达国家独立建设、自主管理的实体办学机构，既有助于改变西学东渐的传统国际教育格局，也有利于在"一带一路"倡议背景

---

① http：//www.hanban.org/article/2020-01/23/content_799335.htm。参见孔子学院总部/国家汉办官网。访问时间：2020 年 5 月 5 日。

下搭建讲好中国故事的新平台①。

此外，2014 年，同济大学在意大利佛罗伦萨设立以暑期课程、短学期、短期培训为主的海外校区。

2017 年 1 月 24 日教育部、财政部、国家发改委联合出台《统筹推进世界一流大学和一流学科建设实施办法（暂行）》，把国际交流合作提高到与高等学校传统的"三大职能"（人才培养、科学研究、社会服务）并列的高度。教育部学位中心也把中外合作办学纳入学科评估指标体系中。这些"突破性"的提法和要求，必然会引导更多的高校，在中外合作办学和国际化办学方面去尝试和探索。

三、我国高校境外办学之机遇、风险与挑战

（一）我国高校境外办学之机遇

1. 符合国家教育发展战略，能够获得国家层面的支持

我国《国家中长期教育改革和发展规划纲要（2010—2020）》提出了许多新的观念和新的命题，其中第十六章"扩大教育开放"提出了扩大教育国际交流合作的战略部署。

教育部 2017 年工作要点之一就是构建教育对外开放新格局，落实《关于做好新时期教育对外开放工作的若干意见》和《推进共建"一带一路"教育行动》，实现"一带一路"国家国别和区域研究全覆盖。

我国高校"走出去"境外办学，符合国家教育发展战略，能够获得国家层面的鼓励和支持。

---

① http://edu.people.com.cn/n1/2018/0327/c1053-29891464.html。人民网：中国大学首次在发达国家独立建设自主管理实体办学，北京大学英国校区正式启动。访问时间：2018 年 5 月 16 日。

2. 符合外国政府的教育发展战略和鼓励政策，能够获得外国政府的支持

为提升本国高等教育的国际水平和教育质量，一些国家将吸引国外高水平大学在本国创办分校作为高等教育的发展战略。政府通过出台优惠政策支持国外高校前来办学。例如，厦门大学马来西亚分校就是马来西亚政府积极支持的结果，马来西亚政府以低廉的价格将 900 多亩土地出让给厦门大学创办分校。又如，卡塔尔政府教育基金会在多哈筹建多哈大学城，每年为学校提供数亿美元的专项基金，吸引了包括美国康奈尔大学、西北大学、乔治城大学、卡耐基梅隆大学等世界一流大学纷纷前去建立分校。

3. 海外华侨华人众多是我国高校创办境外分校的天然优势

拥有数量众多的海外华人华侨是我国高校发展境外分校的天然优势。境外分校为海外华侨华人和外籍人士提供了选择教育的机会。海外华侨华人有学习中国传统文化和知识的内在动力。例如，慈善家李光前先生成立的李氏基金会宣布成立"厦大马来西亚分校奖学金"，以帮助家庭困难的学生完成学业。马来西亚首富郭鹤年先生向厦门大学马来西亚分校捐赠 1 亿马币（约合 2 亿人民币）用于修建图书馆主楼[①]。我国高校创办境外分校离不开当地民众的认同和支持。

（二）我国高校创办境外分校之风险与挑战

1. 不熟悉东道国的法律，容易产生法律风险

国际合作办学涉及国内法和国际法的适用，由于东道国法律体系不同，既有英美法系也有大陆法系，风格迥异，出现争端时，如果不熟悉东

---

① http://www.mnw.cn/xiamen/edu/683765.html。闽南网：马来西亚首富郭鹤年宣布向厦大马来西亚分校捐赠 1 亿马币。访问时间：2020 年 5 月 10 日。

道国的法律制度，尤其是东道国的市场准入、办学质量监督与保障、学历学位的认可、合作办学中的权利保障、法律适用和争议解决等规范，就存在潜在的各种法律风险。

提高风险防范的意识和能力是我国高校面临的重要挑战之一。熟悉和遵守各国相关法律制度，固然是防范法律风险的重要途径。但是，专业的事，还是应该让专业的人去做。聘请当地法律服务机构或组建法务团队，提供合规性管理和审查，代为处理合同争议、劳资纠纷、知识产权管理、资产追偿、各类诉讼等法律事务，将会有效防控法律风险。

2. 境外高等教育市场竞争激烈，容易产生投资失败，不得不退出的风险

国际化教育服务作为一种服务贸易，从办学水准较高之处流向办学水准较低之处是趋势，也是目前教育国际化的基本格局。对于像亚洲，尤其是东南亚等地经济发展势头良好，教育发展水平一般的地区，往往是世界一流大学创办境外高校的首选地区。英美教育发达的国家较早开展境外办学，有积累，有经验，也有实力，在市场竞争中居于优势地位。我国高校在实力、经验等方面均处于不利地位，整体竞争力较弱。在市场竞争激烈的境外高等教育领域，存在着防控投资失败，甚至强制关停、重大违规等带来的不得不退出的风险。

因此，要做好防范化解重大风险预案，重点防范财务风险，划好不发生系统性财务风险的底线，并建立境外办学的退出机制。

3. 中国高校境外办学课程设置"同质化"，缺乏特色，存在自我竞争的风险

作为中华文化的重要载体，汉语越来越受到各国重视。很多境外学校的汉语教学占据较大比重，这与孔子学院的定位存在"重叠"，中国各境

外教育机构办学"同质化"严重，缺乏特色，难以避免自我竞争。其他专业课程设置，也存在"同质化"现象，没有形成特色。

因此，境外办学的高校迫切需要重新调整汉语教学在办学中的比重，将汉语作为学习的基本课程之一，而不是作为专业来设置，减少与孔子学院定位之间的"重叠"。

四、中国高校境外办学风险防范的应对策略

（一）确立合理的战略目标，明确中国高校境外办学的定位和任务

从国内外大学的实践来看，境外办学是否能够良好运行发展，与战略目标的定位是否合理，基本定位是否妥当密切相关。中国高校境外办学时间短，经验少，急需国家进行"顶层设计"。

教育部颁布的《高等学校境外办学暂行管理办法》（教育部第 15 号令）（2003 年 2 月 1 日施行），对于中国高校境外办学的范围、条件、审批程序等进行了明确规定，采取严格的审批制。为依法推进行政审批制度改革和政府职能转变，国务院取消和下放了部分行政审批事项。教育部在此背景下，也改革行政审批制度，废止了三部规章，其中就包括这部《高等学校境外办学暂行管理办法》①。

教育部废止了《高等学校境外办学暂行管理办法》，体现了对高校办学自主权的尊重。高校为实现办学目标，依法享有独立自主地进行教育教学管理、实施教学科研等活动的资格，具有开展境外科技文化交流的自主权。但是，尽管该规章被废止了，教育部仍负有继续指导和监管各个高校开展的境外办学活动的职责，仍有必要从国家层面进行战略部署和统一规

---

① 《教育部关于废止和修改部分规章的决定》（教育部第 38 号令）。

划，统筹协调教育、文化、贸易、援外等各类资源，将各方力量形成合力，以尽可能减少内耗。

海外办学投入巨大，非一般院校可以承受。如果战略规划和目标定位失策，导致的经济损失和国际负面影响都将十分巨大，这样的"学费"，代价太高昂。

因此，建议教育部出台"高等学校境外办学指南"，指导各高校开展境外办学，在高校境外办学的政策定位、发展目标、总体要求、指导思想、基本原则方面统一认识，在境外办学的准备阶段、实施阶段等各环节，提出指导性意见。

（二）原则上坚持公益办学导向，体现教育活动的本质

我国《教育法》《高等教育法》均规定了我国教育事业的公益性。《中外合作办学条例》第三条也明确规定了中外合作办学属于公益性事业，也就是说，"请进来"在中国境内设立的中外合作大学属于公益性事业，不得以营利为目的。那么，"走出去"的中国高校海外分校是否也应坚持办学的公益性呢？厦门大学承诺将不从厦门大学马来西亚分校拿回一分钱，办学的结余将全部用于马来西亚分校今后的发展。我们认为，中国高校海外分校原则上仍应坚持办学的公益性导向。

（三）高校境外办学须遵循境外投资项目核准，履行报批手续

中国高校创办海外分校是否需要履行审批手续？所需资金从何而来？高校是否可以利用财政拨款或财政拨款结余到境外直接投资创办海外分校？

为了规范事业单位国有资产使用管理，防止国有资产流失，国家先后出台了《事业单位财务规则》《事业单位国有资产管理暂行办法》《中央

级事业单位国有资产管理暂行办法》（财政部：财教〔2009〕192号）等文件，强调事业单位要严格控制货币性资金对外投资，禁止利用财政拨款和财政拨款结余对外投资。对于事业单位利用国有资产进行境外投资的，要求遵循国家境外投资项目核准和外汇管理等相关规定，履行报批手续①。

中国高校创办海外分校，在性质上属于高校利用国有资产向境外进行教育投资的行为，应遵循上述规定。履行境外投资项目申报，获得政府审批核准的项目，才会获得国家层面的财政支持。稳定的办学经费是高校境外分校可持续发展的基本保证。境外分校若仅靠收取的学费，无法满足其运转所需要的巨额资金需求。世界各国高校的境外分校，由于经费不足而关门的案例并不鲜见。

（四）构建多元化筹资模式，确保海外办学的可持续发展

海外办学运行成本高昂，经费的保障是可持续发展的关键。中国高校海外分校若仅靠学生学费作为单一经费来源，一旦生源不足，就难以支撑海外分校运转的成本，面临关闭的风险。

例如，澳大利亚的中央昆士兰大学斐济分校，便是由于生源无法达到预期目标，学费无法支付运转成本而被迫关闭。同时，一些西方高校本身抱以营利态度创办境外分校，如果分校的经营难以获取利润时，母校也会选择关闭分校。20世纪90年代在日本掀起的美国大学分校热，仅5年后就大部分被迫关闭，重要原因之一就在于此②。

---

① 中央级事业单位国有资产使用管理暂行办法（财教〔2009〕192号）第24条：中央级事业单位应在保证单位正常运转和事业发展的前提下，严格控制货币性资金对外投资。不得利用财政拨款和财政拨款结余对外投资。该办法第26条：中央级事业单位利用国有资产进行境外投资的，应遵循国家境外投资项目核准和外汇管理等相关规定，履行报批手续。

② 薛卫洋，国外大学海外分校发展的特点分析及经验借鉴〔J〕，《高等教育管理》，2016，10（4）。

中国高校"走出去"海外办学，除了履行境外投资项目申报，获得政府核准，获得国家层面的财政支持，还要构建多元化的筹资模式，包括引入社会资源、成立大学基金会、促进科技成果转化等多渠道筹资模式，增强自身"造血"功能。

（五）科学设置专业课程，适应当地经济社会发展

高校境外办学还要结合办学战略的定位，科学设置专业课程，扬长避短，适当进行"本土化"改造，创造具有自身特色的专业课程。专业设置，应体现服务区域发展的需要。例如，新加坡在亚洲金融危机后，确立了淘汰低端加工制造业，向高新技术经济和服务经济转型的经济发展战略，目标是成为亚太地区的物流集散中心和金融中心。新加坡政府吸引了8 所世界顶尖大学在新加坡开办分校，这些分校开设的专业基本以工科和商科为主，希望以发展高科技、金融、旅游、服务等产业实现国家经济社会的转型。

（六）制定应对重大事件的应急预案，防范各种潜在风险

境外办学的国别要选择政治稳定、经济繁荣的东道国。要制定应对重大事件的应急预案，建立应急管理机构，防范所在国政治军事危机、双边关系重大变化、自然灾害、师生安全事故等风险。依托中国驻外使领馆的应急求助方式，及时联系中国外交部全球领事保护与服务应急呼叫中心。

参考文献

[1] 郭洁. 厦门大学马来西亚分校办学之 SWOT 分析 [J]. 西南交通

大学学报（社会科学版），2015（6）.

［2］薛卫洋. 国外大学海外分校发展的特点分析及经验借鉴［J］. 高等教育管理，2016，10（4）.

［3］王光荣，骆洪福. 我国一流大学发展海外分校的 SWOT 分析［J］. 煤炭高等教育，2017（1）.

［4］金孝柏. 我国高校海外办学中的法律适用［J］. 上海对外经贸大学学报，2017（4）.

［5］钱伟，何山燕. 中国高校在东南亚办学的新探索［J］. 高教探索，2017（3）.

［6］孙敏，王焕现. 欧美高校为何热衷海外办学［N］. 中国教育报，2011－07－05（3）.

［7］朱伟一. 美国的法学给我们出了难题［N］. 南方周末，2011－04－28（C19）.

［8］陈鹏、张红涛. 境外办学，如何更有底气——专家建言中国教育"走出去"［N］. 光明日报，2016－10－11.

［9］赵鹏飞，张诗淇. 中国高校"试水"海外办学［N］. 人民日报海外版，2018－04－05（3）.

［10］如是观. 中国大学开设海外校区是必然趋势？［J］. 留学，2017（4）.

华侨大学　法学院

浅析中国古代人才思想对高校教育管理队伍建设的作用①

桑运福

摘　要："以史为鉴，可以知兴替"。习近平总书记多次指出："坚持以史为鉴，坚持古为今用，不断推陈出新，从历史中汲取经验……。"我国古代人才思想十分丰富，内容涉及人才的甄别、选拔、任用和管理等方面，并不断丰富和完善。分析、总结历史上的人才思想有助于当前人才队伍建设研究。通过分析古代思想大家对于人才的相关理论，汲取其精华，结合当前教育管理人才培养与使用的现实，力求古为今用，以更好地落实立德树人的根本任务。

关键词：中国古代人才思想；教育管理人才；立德树人

一、中国古代具代表性的人才思想

古代中国注重人治，倡导"圣贤政治"。古人所谓圣贤君子，就是我

---

①　基金项目：华侨大学校级基金项目"中国传统人才思想对华侨大学教育管理人才队伍建设作用研究"（项目编号：605–50X16082）阶段成果。

们今天所说的人才。在中国古代长达数千年的社会政治实践中，形成了丰富的人才思想。它是中国传统文化的一个重要组成部分，也是有待于发掘和"古为今用"的思想文化宝库。

（一）先秦儒家的开创性选才

孔子吸收了春秋时期举善和尊贤使能思想，在人才素质和人才培养教育方面提出了不少新观点。在《论语》中"圣人"和"成人"是孔子心目中理想化的人才。关于人才的素质，孔子对德行、才能以及学问，都有较详尽的论述，德行论述最多。在人才培养教育方面，孔子认为人才不是天生的，而是靠后天培养的，认为"非生而知之者""性相近也，习相远也"[1]孔子的人才思想集春秋时期人才思想之大成，奠定了儒家学派人才思想的基础，是一项宝贵的财富。孟子在继承孔子思想的基础上提出了立志，认为"天将降大任于斯人也，必先苦其心志，劳其筋骨，饿其体肤，空乏其身，行拂乱其所为，所以动心忍性，增益其所不能。"[2]荀子在用人方面主张"使不肖者不得以临贤""愚不得以谋智"，即对贤能不能掣肘。荀子以及《吕氏春秋》《战国策》都主张对任职的贤能要进行考核，根据征集功劳给以奖赏，以调动其积极性。此外，韩非子提出人才"法治"理论，墨家认为"任人唯贤，不分亲疏贵贱"[3]。

我国古代人才思想从夏商时期开始萌芽。春秋战国时期由于百家争鸣的出现，人才思想开始丰富起来，是中国古代人才思想的迅速发展时期。儒家的人才思想是这一时期的典型代表。

（二）秦汉至明清的制度化选才

秦汉时期人才概念丰富，注重德行、学问、才能，基本以儒家学说为人才思想主体，重视人才培养，开办学校以养育人才，通过察举制、征辟制等多渠道选拔人才。较具代表性的是董仲舒的人才思想，他除了延续孔孟选贤任能思想及倡导人才考核制度之外，更进一步提出了考核人才的具体方法"考绩"。董仲舒在《春秋繁露·考功名》中认为，要从中央到地方，对各级官吏进行全面而经常的考核。考绩应该"大者缓，小者急，贵者舒而贱者促。诸侯月试其国，州伯时试其部，四试而一考。天子岁试天下，三试而一考……"，董仲舒总结前人经验，提出了较为严苛可行的考绩办法。这对于汉代及其以后的官吏考核制度的建设，是具有积极意义的。

魏晋南北朝是历史上较为动乱的时期，国家长期处于战乱、分裂状态，由此引发主张"无为而治"的老庄之学复兴，此时的人才思想呈现哲理化倾向，出现了三国刘劭所著《人物志》等人才专著。这一时期有重才智轻德行的主张，也有只注重德行的主张，间接致使人才选拔思想呈现丰富化趋势，但主流方法还是"九品中正制"。

隋唐时期国家重新统一，人才思想较为开放，刘知几认为人才应具备才、学、识三长，柳宗元将人的德、才概括为"志""明"，韩愈以伯乐与千里马为喻，希望统治者具有识才慧眼，广选贤俊。此时期，人才选拔采用科举取士。

宋元时期的地主阶级统治政权基本上出于保守思想。北宋统治者错误地将唐代后期至五代十国的国家分裂、社会动荡归罪于依赖人才，导致统治者不断加强中央集权而不信任杰出人才，政治上对人才加以限制和束缚，元代亦是如此。司马光认为"才德全尽谓之圣人，才德兼亡谓之愚人。德胜才谓之君子，才胜德谓之小人"，程朱理学认为学校教育的目的就是让人"明人伦，做圣人"，过于强调德行修养，不注重实际才干。

明清君主专制制度发展到顶峰，对人民的思想控制呈现强化态势。同时，在封建社会内部出现了资本主义萌芽，产生了反对君主专制，批判唯心主义理学的朴素唯物主义思想家。吕坤提出"才德殊用论"，认为人不患无才，患不善于用才，"唯有德者能有才"。王夫之提出"德才体用论"，认为"德者得其理，才者善其用"，德才是相辅相成的关系。但此时以八股文取士的科举制度严重压制人才，扼杀人才，难以选拔真正的人才。

秦汉至明清基本上以国家统一，社会相对安定，中央集权的君主专制制度不断加强为主，人才问题更为突出。建立学校以培养人才，制定选举制度以选拔人才，对人才进行考核管理，适应这种历史时期的人才思想就应运而生且不断深化改进了。

二、当前高校教育管理队伍建设存在的问题

高校教育管理人员工作的核心是管理和服务师生，虽以服务性质为主，相对单一，但目前仍存在着诸多问题。

（一）"人不患无才，患不善于用才"

教育管理人才对比教学科研人才前景堪忧。目前国内高校对于教学科研人才的引进更为重视，具有较好的薪酬福利待遇，较为完备的职称晋升、学历提升培养模式。对比来看，教育管理人才虽以年轻人为主，学历往往也不低，同时也充满工作热情，更注重未来个人发展和社会价值，并不完全计较物质条件。不管高校教学科研人员，还是教育管理人员，都经历了高学历教育，只是目标不同，职业定位不同，教育环境背景等不同，同样都是"德才兼备"。但教育管理队伍由于工作性质专业性不强，晋升职数限制，缺乏入职后的培养机会和提升空间，"不善用才"导致"人才未尽其才"，尤其对于长期在基层的教育管理人员，势必出现职业疲惫感。前景堪忧导致教育管理人员思想出现波动，要么消磨时光，要么辞职离开。

（二）只注重"才"而非注重"才、学、识"三长

自先秦至明清，中国古代人才思想中，无一不注重人才的全面素质。而今高校教育管理人才选拔过于追求高学历。高校教育管理人员主要是服务教师、服务科研、服务学校发展，工作内容基本上是琐碎的行政事务，专业性不强。从工作性质角度看，更侧重的是交际能力、协调能力、应急能力、较为先进的工作方法，单凭学历无法判断上述能力。招聘制度是面向全国，全国各地教育水平也不尽相同，唯学历论很难选拔到真正优秀的教育管理人才。

（三）人才体系不够完备

"性相近也，习相远也"，中国古代对于人才队伍的培养具备较为完备的体系。《礼记·王制》："大学在郊，天子曰辟雍，诸侯曰泮宫"，场所完备，孔子的"因材施教""有教无类"，孟子的"天将降大任于斯人也，必先苦其心志，劳其筋骨，饿其体肤……增益其所不能。"当前高校教育管理队伍需要的是熟悉党的理论、高教理论、法律知识、管理理论以及心理素质过硬的复合型人才，但大多数高校针对教育管理队伍只是入职前的集中培训，部分高校偶尔组织简单的业务培训，其他培训寥寥无几。这直接导致部分干部只热衷于管好自己的"一亩三分地"，对全局性、宏观性的问题缺乏深入思考，严重影响人才成长。系统化学习是培养教育管理人才创新的思维、开阔的视野、科学的方法，积累的是发展潜力，这种授之以渔的系统化培养机制对教育管理人才建设尤为重要[4]。

（四）用人、考核制度欠缺

"举孝廉""察举制""九品中正制""科举制"……中国古代几千年，

对于用人、考核制度不断因时代的变化和适应政治制度的需要而不断完备。当前高校不仅要育人，还承担着科学研发、服务地方等复杂功能，因此教育管理不仅要辅助教学、服务师生，还要服务科研、整合资源、构建内涵式发展。但目前，高校的教学、科研、党群、行政、学工系统、后勤资产等部门相对独立，受专业背景的限制，教育管理人才流动性不强，岗位相对固定，工作经历单一，锻炼的平台较少。用人通道并不通畅，且论资排辈现象在一些高校中较为普遍，导致青年干部的岗位适应能力不强，工作中的多面手较少[5]。当前高校教育管理队伍多为事业编制干部，或多或少存在"铁饭碗"思维，加上工作性质大多为服务性内容，无法具体量化，导致考核方法多数采用一刀切，青年干部工作积极性不高。

三、中国古代人才思想对高校教育管理队伍建设的作用

（一）严把德才标准

德才兼备，方堪重任。纵观中国古代的人才思想，贯穿上下的核心观点就是"德才兼备，选贤任能"。可见历朝历代的人才选拔方式都以德为先。我们党历来强调德才兼备，并强调以德为先。习近平总书记在党的十八大、十九大报告、与北大师生座谈、学校思想政治理论课教师座谈会、全国教育大会上多次强调："新时代贯彻党的教育方针，落实立德树人的根本任务。"高校更是要全面提升教师思想政治素质和职业道德水平，不仅要课堂育德、典型树德、规则立德，还必须将师德师风建设要求贯穿教师管理全过程。新时代高校教育管理人才队伍选人用人要把品德、做人放在第一位，摒弃唯学历至上，注重师德。

（二）注重人才培养

从先秦至明清，都对人才培养实施了具体办法。孔子主张"因材施

教""有教无类"，并用讲学的方式培养人才，汉代由中央到地方设立官学"鸿都门学""四姓小侯学""校""庠""序"等学校，由此专门培养人才的学校产生并不断发展。针对高校教育管理人才的培养，建立系统化培养的长效机制和"因材施教"的个性化培养模式。培养形式要突破形式束缚，以培养其德行、人文素质、职业自豪感、自我认同感、社会适应能力为出发点。改变班级授课、集中培训等传统模式，利用微信、手机 app 平台、示范学习等新形式，根据其工作性质、人才优势、兴趣点、未来发展等定制培训菜单，激发兴趣和自主学习的主观能动性。同时，高校有关部门要为教育管理人员建立个人档案，业务水平档案等，作为干部选拔任用的参考条件。

（三）坚持公正用人

用人以公，方得贤才。先秦时期"世卿世禄制"，秦代按军功授爵，两汉"察举制""征辟制"，魏晋南北朝"九品中正制"，隋至清末的"科举制"。纵览历代选拔人才制度，统治者的出发点都是力求公正选人。新时代教育管理人才选拔，要坚持公心、责任心，坚持原则，实事求是，公正无私，公平对待和使用人才队伍。要坚持以事业为重，依事择人，人岗相适。坚持风清气正，采取有效措施遏制选人用人上的不正之风，严格遵守中共中央印发修订后的《党政领导干部选拔任用工作条例》，做到善则赏之，过则匡之，建设风清气正的高校教育管理人才选拔制度。

（四）完善绩效考核制度

春秋战国时期，荀子以及《吕氏春秋》《战国策》主张对任职的贤能要进行考核，根据征集功劳给以奖赏，以调动其积极性。董仲舒在《春秋繁露·考功名》中也提出了对人才的具体考核办法。在传统考核方法的基础上，还应建立适应现代高校需要的服务水平评价体系。制定教育管理人员考核绩效分配细化方案，摒弃按级别分配绩效、行政岗位一刀切分配绩效的方法。在保证本职工作范围工作量的基础上，建立单位领导评价、同事评价、服务对象评价相结合的评价体系，根据评价情况综合考量排出考核分配层次。

明镜所以照形，古事所以知今。习近平总书记曾多次强调"领导干部要多读一点历史，从历史中汲取更多精神营养"。当然，古为今用不能采用"拿来主义"，势必要剔除"封建糟粕"，特别是一些明显的历史局限。新时代教育管理人才队伍建设，要多吸取中国古代人才思想的精华部分，坚定为民服务、为校服务，为师生服务的宗旨，严格落实立德树人的根本任务。

参考文献

[1] [3] 程有为. 中国古代人才思想史 [M]. 中州古籍出版社，1996：34－39.

[2] 常校珍. 中国古代人才思想论稿 [M]. 甘肃人民出版社，1986：118.

[4] 戴楚怡. 对完善高校青年干部培养选拔工作机制的思考 [J]. 长春教育学院学报，2015（22）：119.

[5] 田江，田长生. 关于加强高校青年干部队伍建设的思考 [J]. 社科纵横，2013（7）：173－175.

华侨大学　校长办公室

"华大"还是"侨大"

——"华侨大学"的规范性简称刍议

任智勇

摘 要： 校名简称不仅是学校文化的重要组成部分，更是学校重要的无形资产和品牌标志。在华侨大学加快推进大学章程建设和即将迎来 60 周年大庆之际，应该抓住这一契机认真研究梳理校名的规范性简称，并传承、保护好这一文化品牌，使这一无形资产保值增值。从文化品牌的角度，利用校史档案对华侨大学的规范性简称进行了进一步地考辨，发现：从体现办学特色、尊重历史传统、具有唯一性三个原则来看，"侨大"比"华大"更适合作为华侨大学的规范性简称。

关键词： 华大；侨大；品牌；规范性；简称

一、问题的提出

校名是一所学校的基本标识，它不仅包括学校的登记名称（即全称），还包括简称及外文译名等。和校徽、校训、校歌一样，校名（含简称）也是学校文化的重要组成部分，体现学校的文化传统、办学理念、精神底蕴与人文内涵，彰显学校的个性和特色，反映学校的精神与风貌。

商品经济条件下，校名（含简称）还是学校无形资产的重要组成部分，是学校的品牌标志。高校特别是名校往往具有悠久的办学历史和传统，在长期的发展过程中形成了特有的品格与气质，大师荟萃，人才辈出，科研实力雄厚，校园环境优美，社会贡献大，文化引领作用突出，常被视为社会的良心，在公众心里有着极高的美誉度和信任度。这种美誉度和信任度使得作为高校人格化外部标记的校名（含简称）成为教育领域的品牌。

正因为如此，国外高校特别是名校对学校的命名及校名（含简称）的保护极为重视。如哈佛大学在许多国家申请注册了商标，其申请注册的商标包括"HARVARD"、"HARVARD UNIVERSITY"、镌刻着拉丁文的"VE－RI－TAS（真理）"的盾形校徽以及哈佛大学多个学院的名称如"HARVARD COLLEGE""HARVARD BUSINESS SCHOOL""HARVARD LAW SCHOOL"等[1]，并于1980年成立了专门的技术与商标许可办公室，对获准注册的商标进行全面保护，详细规定了商标许可的使用范围、条件、费用及国际许可等内容[2]。近年来，随着国内高校校名（含简称）侵权案的屡屡发生，我国高校对校名（含简称）的管理也渐趋规范。清华大学早在1997年9月12日便以"清华"及含有"清华"及清华大学英文校名的钟形图案在41、42类提起四个商标注册申请，成为国内最早以校名（含简称）注册商标的高校，"清华"商标于2006年还被认定为驰名商标，成为高校中的第一个驰名商标。浙江大学曾花费44万元注册45个大类共180个商标，涉及简称"浙大""ZHEDA""求是"以及浙江大学鹰型图案等，成为国内首家申请全部45类商标保护的高校[3]。

随着我国高等学校章程建设的启动，学校的校名简称也被纳入规范化管理。2012年1月1日起实施的《高等学校章程制定暂行办法》第二章第七条明确规定："章程应当按照高等教育法的规定，载明以下内容：学校的登记名称、简称、英文译名等，学校办学地点、住所地。[4]

　　高校校名简称按照其来源，可分为民间简称和官方简称。登记在高等学校章程或申请商标注册的校名简称通常是规范性简称，它是民间简称和官方简称的结合。从高校校名规范性简称的形成过程来看，一般是先由学校官方将酝酿的校名简称在正式场合或正式文件中提出，后在民间（指师生校友间）传播，形成共识后加以固定下来，或是先在师生校友中自发形成某种称呼，得到学校官方认可后明确下来。但由于对校名的民间简称常常以顺口、字数少、方便传播等为标准，不一定符合规范性简称的要求，使得民间简称与规范性简称时常会出现不一致。如华中科技大学民间简称"华科"，而在经教育部核准的《华中科技大学章程》里载明的简称则是"华中大"；中国人民大学在民间被称为"人大"，而在经教育部核准的《中国人民大学章程》里则放弃了简称。

　　华侨大学是一所负有特殊办学使命的高校，1983年被中央列为国家重点扶植的大学，2018年入选福建省一流大学建设高校，在数十年的办学生涯中形成了自己的特色和品牌。2020年11月，学校即将迎来60周年华诞。传承、保护好创校先贤遗留下来的包括校名简称在内的无形资产，是学校领导及广大师生校友的光荣使命与责任。而传承的前提是对"华侨大学"的规范性简称这一容易忽视的问题有个较为清晰的认知。

二、"华大"还是"侨大"

　　自华侨大学创办以来，对它的校名简称主要有两种：一称"侨大"，一称"华大"。从简称的传播过程来看，创办初期先是由官方称"侨大"，后来这一称呼在民间得到认可，创办后期及复办以来民间改称"华大"，官方在民间的带动下也逐渐改称"华大"。虽然华侨大学在申请注册"华大"简称失败后，曾于 2009 年获准将"侨大"注册为商标，但不管是民间还是官方，目前称"华大"仍然是较普遍的称呼。而在尚未批准上报的《华侨大学章程》（草案）里，则根本未提及简称。"华大"还是"侨大"？这是一个问题。从文化品牌的角度来看，到底该用哪个简称？这就涉及校名简称的标准问题。

笔者认为，校名的规范性简称至少应该遵守以下三个原则：

（一）体现办学特色

办学特色是一所学校的立足之本，也是文化品牌形成的根源。作为品牌基本标志物的校名简称，自然要反映其办学特色。

华侨大学因侨而立，因侨而兴。"侨"是华侨大学最大的办学特色。这主要体现在：

1. 华侨大学的创办宗旨是为侨服务

在印尼等东南亚国家疯狂排华，海外华侨青年回国升学人数及愿望剧增的 20 世纪 60 年代，我国政府在国民经济出现严重困难的情况下，毅然批准创办华侨大学。创校先贤们在各个方面都将"为侨服务"作为一条基本办学原则。在学校的培养目标上，除了主要为国内外华侨学校培养师资外，还培养热带亚热带经济作物人才、通晓东南亚国家语言文字的翻译人才、国内外侨务工作干部等[5]；在科系设置上，创办前期设置了亚热带作物系、艺术系、外语系印尼语专业等带有东南亚特色的科系和专业，后期又根据侨生的志趣加强了工科，适当压缩了文理科；在招生录取条件上，凡参加全国高等学校统一招生考试，报考华侨大学并符合录取条件的归国华侨学生，可享受"同等条件，优先录取"待遇[6]；在学制和教学安排上，根据侨生知识基础较差的特点，从 1962 年 1 月起将学制从四年调整为五年，并在教学中贯彻"少而精""因材施教"的教学原则，强化"三基"（指基本理论、基本知识、基本技能）训练，缩减教学内容，重点突出，分小班上课，加强对侨生的课外辅导和作业面批；在生活安排上，校长廖承志曾对学生居住环境的设计工作提出要求：学生宿舍的地板要光滑，不能有钉子，以适应东南亚侨生喜欢光脚跳舞的习惯；不论男生还是女生宿舍，都要附设淋浴室，因为热带来的侨生喜欢冲澡。

2. 华侨大学复办后的办学方针是"面向海外、面向港澳台"

1978 年 4 月 17 日，国务院批准在"文化大革命"中被撤销的华侨大学复办，同意华侨大学以招收海外华侨、港澳同胞和台湾籍青年学生为主，同时也招收少部分内地学生（以归侨、侨眷子女为主）；对华侨和港澳学生，实行"来去自由"的政策，学生毕业后自愿选择，可以留在内地由国家统一分配参加祖国的社会主义建设，也可以到国外或港澳地区就业[7]。虽然由于国内外形势的变化和招生政策的调整等原因，复办后至今内地学生数量一直占学校大多数，海外华侨、归侨、侨眷子女所占比例较小，但学校"面向海外、面向港澳台"的办学方针一直没有变。

3. 华侨大学因"侨"而实行一系列特殊的制度和政策

首先，实行董事会制度。1980 年，为加强与海外华侨、归国华侨等社会各界人士的联系，获得他们对学校复办的支持，华侨大学开始实行董事会制度，成为当时国内仅有的两所实行董事会制度的大学之一（另一所是同样以招收华侨学生为主的暨南大学）。1986 年修订的《董事会章程》更是向华侨大学董事会赋予了两项新增的权力：提名华侨大学校长人选，报请国务院任命；就学校办学方针、规划、教学、科研、基建、财务等重大问题，进行指导和审议[8]。这使得华侨大学董事会具有了一定的决策权和领导权，成为拥有完整的监督、筹资、咨询三项职能的董事会。其次，实行校长负责制。1983 年 6 月 20 日，中共中央、国务院批复中宣部、教育部、国务院侨办《关于进一步办好暨南大学和华侨大学的意见》（简称"中央 24 号文件"），决定把暨南大学和华侨大学列为"国家重点扶植的大学"，要求两所学校"办出特色、办出水平"，并明确提出"学校实行校长负责制"。校长负责制的实施，使得学校的积极性、主动性和创造精神得以充分发挥，办学自主权得以扩大，大大加快了学校的复办步伐。再次，学校实行了一系列特殊政策。在招生上，学校对海外华侨、港澳同胞、台湾同胞和外籍华人实行单独招生；对华侨、归侨子女，在招生录取时，给予特殊照顾；在招收内地的华侨、归侨子女和台湾省籍青年时，对低于当地省、自治区、直辖市录取分数线的，择优录入预科班，也招收不包分配的收费生，为他们创造更多的升学机会。在办学形式上，更加灵活多样，采取扩大预科，增设函授，实行多种学制，允许插班、转系、试行双学位等措施。此外，学校在专业设置、课程安排、教学要求、学校管理等方面，均与国内其他大学有所不同。

既然"侨"字承载了学校的办学特色，校名简称理应体现这一特色。

（二）尊重历史传统

落其实者思其树，饮其流者怀其源。历史是最好的教科书。在"不忘初心、牢记使命"的时代大背景下，要厘清华侨大学校名的规范性简称问题，必须从创办初期历史中寻找初心。

创办初期历史充分显示，"侨大"作为学校当时的简称得到普遍认可。这主要体现在：

1. 具体负责学校创办工作的地方党委将华侨大学简称为"侨大"

华侨大学创办地定在泉州后，晋江地委（泉州撤地改市前的地方党委）成为学校创办工作的最直接的领导部门。1960 年 5 月 21 日，晋江地委向福建省委和中华人民共和国华侨事务委员会（简称"中侨委"）呈报《关于华侨大学校址的报告》，发文办理单上的抄送单位就有"侨大筹备处"这一单位。在这份汇报有关华侨大学选址过程和选址结果的重要文件的正文中，明确将"华侨大学"简称为"侨大"[9]。

2. 华侨大学在正式场合均将学校简称"侨大"

1960 年 9 月 28 日，华侨大学向福建省委和中侨委党组提交《华侨大学工作情况报告》，反映学校教学工作及基建工作进展情况。在汇报学校招生情况、入学侨生的思想状况时，先后七次用"侨大"来称呼学校[10]。1960 年 11 月 4 日，华侨大学向国务院、中侨委、教育部、福建省委、福建省人委、福建省教育厅等主送单位呈报办学史上第一份正式公函，宣布从 11 月 5 日起正式启用由省人委颁发的"华侨大学"铜铸图章，当时使用的文号是：侨大（60）字第字第 0001 号[11]。1961 年 9 月 19 日，华侨大学向中侨委廖承志、方方主任，中央教育部，省委林一心、林修德书记主送的《关于开学工作的报告》中，也多次用"侨大"作为学校的简称[12]。

3. 师生对华侨大学也简称"侨大"

创办时期，归国华侨学生是学校的绝对主力。他们在参加课余文体活动时，所印制的学校标识物就包括"侨大"等校名，笔者曾见过一张 1963 年拍摄的学生打篮球时的照片，球衣上印有"侨大"字样。据 63 级政治系校友江显锥介绍，当时学生之间日常交流或给父母亲人写信汇报学习生活情况时，都用"侨大"来称呼学校。此外，一些 20 世纪 60 年代在华侨大学工作生活过的教师，在追忆当时的办学情况时，也使用"侨大"两字。

（三）具有唯一性

作为一个文化品牌，品牌名称指向的唯一性是最基本的要求。高校校名简称只有具备唯一性，才能与其他品牌区别开来，才能更好地保护自身的无形资产并使之增值，防止正当权益遭受侵犯。如果高校都似南京大学与南昌大学争"南大"简称，湖南大学与湖北大学为"湖大"闹个不休，山东大学与山西大学夺"山大"的冠名权，不仅为争议双方带来损失，也会给社会上不法商家以可乘之机。

就唯一性而言，简称"侨大"比"华大"更合适。原因在于：

1. "华大"的语义指向性模糊，容易与其他高校混淆

由于历史的原因，中国的许多高校校名都带有"华"字。就现存的综合性大学而言，就有东华大学、南华大学、西华大学、北华大学四所；就师范类大学而言，就有华东师范大学、华中师范大学、华南师范大学三所。还有一些大学被合并或改名后，仍然沿用以前的带"华"字的简称。这些大学在民间都被称为"华大"，尤其是华中师范大学和四川大学华西医学中心（原华西医科大学），"华大"的简称均得到官方认可，有的甚至被获准注册为商标。查阅华中师范大学校史得知：该校是在1903年创办的文华书院大学部（始于1871年美国圣公会创办的文华书院，1924年改名为华中大学）、1912年创办的中华大学、1949年创办的中原大学教育学院的基础上成立的，1951年组建公立华中大学，1952年改制为华中高等师范学校，1953年定名为华中师范学院，1985年更名为华中师范大学。而四川大学华西医学中心前身为华西医科大学，其渊源于1910年美国、英国、加拿大等5个教会组织在成都华西坝创办的私立华西协合大学，是中国最早的医学综合性大学，1951年学校更名为华西大学，1953年再次更名为四川医学院，1985年学校更名为华西医科大学，2000年与四川大学合并组建成

新的四川大学。仅从校史名称沿革来看，这两所学校就比华侨大学更适合拥有"华大"这一简称。事实上，2010年四川大学申请注册的"华大"商标也已获得批准。

2. "侨大"的语义指向性明确，具有唯一性

我国现有的高校中，校名中含"侨"字的高校只有两所：一所为华侨大学，另一所为首都经济贸易大学华侨学院（原燕京华侨大学）。2013年1月，温州市政府常务会议曾研究以温州大学瓯江学院为办学基础，由瑞安市政府与温州大学按照"校地共建，迁建转设"模式筹办温州华侨大学，后因多方面因素，温州华侨大学筹建失败[13]。就现存的两所侨校而言，华侨大学创办于1960年，是新中国第一所以"华侨"命名的公立高等学府，曾被中共中央确定为"国家重点扶植的大学"，目前直属中央统战部领导，是中央统战部、教育部、福建省共建的综合性大学；首都经济贸易大学华侨学院创建于2005年，其前身是创建于1984年的燕京华侨大学（民办高校），该校于2004年升格为燕京华侨职业学院，2005年11月并入首都经济贸易大学成为其直属学院。虽然燕京华侨职业学院被合并后，民间仍沿用原燕京华侨大学的简称"侨大"，但不管从创办时间、学校性质、地域性、影响力等各方面来看，华侨大学简称"侨大"，较之首都经济贸易大学华侨学院，更具有合法合理性。提到"侨大"，人们自然想到的是"华侨大学"，而不是一所被合并的二级学院。

三、结语

高校校名简称是一所高校的文化品牌标志。高校要站在战略高度，树立品牌意识，增强对品牌的自信，同时切实负起责任，按照品牌的规范性要求，确定并在正式场合公布校名简称，同时通过新闻媒体加以宣传和引

导，而不是被民间称呼所左右。目前，我国正在推进高校章程建设，华侨大学也即将迎来60周年大庆，学校应该抓住这一契机认真研究梳理华侨大学校名的规范性简称，并采取切实措施使创校先贤遗留下来的这一无形资产保值增值。

参考文献

[1] 王娜．试析高校校名常见的法律保护方式［J］．中国高校科技与产业化，2009（5）：29．

[2] 吴秋翔，王明鑫：高校校名简称的冲突与保护途径分析［J］．中国人民大学教育学刊，2018（3）：36．

[3] 陈立立．高校名称的商标保护问题研究［D］．武汉：华中科技大学，2006．

[4] 百度百科：高等学校章程制定暂行办法［EB/OL］．［2020－01－06］．https：//baike．baidu．com/item/％E9％AB％98％E7％AD％89％E5％AD％A6％E6％A0％A1％E7％AB％A0％E7％A8％8B％E5％88％B6％E5％AE％9A％E6％9A％82％E8％A1％8C％E5％8A％9E％E6％B3％95/7135762？fr＝aladdin．

[5] 国务院．国务院批转华侨事务委员会、教育部呈报创办华侨大学方案［A］．1961－11－11．华侨大学档案馆（档号1961－XZ1136－a－0080003）：2．

[6]《华侨大学五十年》编写组．华侨大学五十年（1960－2010）［Z］．泉州，2010：7．

[7] 国务院．国务院批转教育部、国务院侨务办公室关于恢复暨南大学、华侨大学有关问题的请示［A］．1978－04－17．华侨大学档案馆（档

号 1978－XZ1111－a－0010001）：3.

［8］华侨大学董事会．华侨大学董事会章程（草案）［A］.1986－07.华侨大学档案馆（档号 1986－WS1112－a－0010008）：2.

［9］晋江地委．关于华侨大学校址的报告［A］.1960－05－21.华侨大学档案馆（档号 1999－XZ1111－a－0220001）：1－2.

［10］华侨大学．华侨大学工作情况报告［A］.1960－09－28.华侨大学档案馆（档号 1961－XZ1136－a－0010002）：1－4.

［11］华侨大学．公函（侨大（60）字第字第 0001 号）［A］.1960－11－04.华侨大学档案馆（档号 1961－XZ1136－c－1560032）：1.

［12］华侨大学．关于开学工作的报告［A］.1961－09－19.华侨大学档案馆（档号 1961－XZ1136－a－0110005）：1－5.

［13］市教育局．问政回复（温州华侨大学筹设目前有何进展）［EB/OL］.（2016－12－05）［2020－01－06］.http：//wlwz.wenzhou.gov.cn/wzshow_ 23959.html.

华侨大学　档案馆